Cheiron Knuth Sperber □ Die Maske hinter der Maske

Cheiron Knuth Sperber

DIE MASKE
HINTER DER MASKE

Das Geheimnis der Zeit

Herstellung: Books on Demand GmbH
ISBN 3-8311-0834-X

Meinen Kindern Siv und Sinje
und allen meinen Verwandten und Freunden,
die in den letzten Jahren so viel Mühe hatten,
mein Denken und Tun zu verstehen

ich bin eine graue Raupe,
es häutet mich manchmal jeden Tag,
ich kann es nicht lassen, es ist mir wohl vorbestimmt -
ganz in der Tiefe brennt eine Sehnsucht,
die Sehnsucht nach dem bunten Schmetterling.

Manchmal bewegt sich schon ein Teil von mir
und atmet, wie von Selbst;
dann zittert es in mir, von Wärme durchflutet,
dann schreit und brennt meine Haut,
dann muß ich mich wieder häuten,
wie lange noch? Es fehlt die rechte Mitte!

Was treibt mich bloß mit dieser übermächtigen Kraft?
Eine süße Ahnung, ein zarter Glaube;
die Sehnsucht nach mir selbst?
Die Sehnsucht nach der ewigen, wahren Liebe?

Geschrieben Ende 1989, einige Monate nach einem tiefen
Transformationserlebnis

Vorwort

Dieses Buch beschäftigt sich mit der Konkretisierung der Zeit. Es will dem Geheimnis Zeit seine Maske entreißen, die Maske, mit der die Zeit uns seit über zwei Jahrtausenden narrt. Es ist der Versuch, etwas Unfaßbares und Unbegreifliches in die Welt einer sprachlichen Begrifflichkeit zu gießen.

Die Zeit hat uns im Griff. Erst wenn die Zeit für uns Menschen konkret wird, können wir hoffen, uns eines Tages aus unserer Versklavung zu befreien.

Seit der Relativierung der Zeit durch Albert Einstein ist ihr Schutzpanzer wieder zum Durchdringen freigegeben. Ich versuche, etwas in höchstem Maße Numinoses und tief Mystisches anfaßbarer zu machen, es menschlich zu berühren.

Hamburg   Mai 1996

Inhalt

Einleitung

Wollen wir unsere jetzige Zeit begreifen, müssen
wir wieder lernen, was Qualität ist.

Nach Jahrhunderten der quantitativen Erfassung
unserer Lebensbedingungen stehen wir vor einer
Zeit, in der die qualitative Erfassung des Lebens
wieder in den Vordergrund rückt.

Qualität ist Essenz, ist Geist.

Ohne ein tiefes Verstehen von Qualität können wir
die Zeit und die Zeitfreiheit - das Jetzt - die reine
Gegenwart nicht begreifen.

Der Umgang mit der Zeit ist wahrscheinlich das
brennendste Thema des auslaufenden Jahrhunderts. Die dominierenden Begriffe und Handlungsweisen in unserer Gesellschaft beinhalten
fast ausschließlich den Faktor Zeit: Geschwindig-
keit, Non-stop, Zeit ist Geld, Termingestaltung,
Pünktlichkeit, Arbeitszeitverkürzung, Freizeit,
Nicht-warten-können, - „Es dauert mit zu lange!"

Hetze, Hektik, Streß, Effektivität, Zivilisationskrankheiten als Streßkrankheiten usw.

- Wissenschaftlicher Fortschritt und technische
Errungenschaften werden mit konstanter (boshaf-
ter?) Beharrlichkeit damit begründet und ange-
priesen, daß sie der Menschheit mehr Zeit geben
für sich selbst.

Das Gegenteil ist der Fall.

Vergleichen wir den gebildeten Bürger einer europäischen Großstadt in seiner technischen Welt mit einem „Naturmenschen" in einem abgelegenerem Teil der dritten Welt, wird zunehmend auch einem mental-wissenschaftlichen Abendländer klar, wer von beiden mehr Anteil an dem so hohen Besitzgut Zeit hat.

Seit Albert Einsteins „Relativitätstheorie" (1905) die Relativität der Zeit im Großen und Max Planck mit der Quantenmechanik (1908) die Relativität und Subjektivität im Kleinen in wissenschaftlicher Weise dargestellt haben (siehe z.B. F. Capra, Wendezeit) ahnen wir, daß unser Weltbild unsere Realität so wie wir sie seit Isaak Newton als „Newton'sches mechanisches Weltbild" erfahren haben und immer noch in ihm leben, in Wirklichkeit so nicht stimmt.

Die wirkliche Wirklichkeit ist ganz anders, aber im groben täglichen Alltag soll sich dies kaum bemerkbar machen (oder doch viel mehr als wir gemeinhin denken?).

Natur- und Geisteswissenschaft sind von einem bestimmten Leistungsniveau ständig mit den Eckpfeilern dieser Erkenntnis Albert Einsteins und Max Plancks und ihrer Folgeentwicklungen konfrontiert.

Atombombe und Atomenergie, Weltraumforschung, Computertechnik, Molekularbiologie und Gentechnologie basieren auf dem Einstein'schen Max Planck'schen vierdimensionalen Weltbild. Die gesamte wissenschaftliche Entwicklung unseres Jahrhunderts bis hin zu den Zivilisationskrankheiten und Umweltproblemen (die Krankheiten unserer Mutter Erde) und unsere persönlichen Probleme wäre ohne sie nicht denkbar.

Könnte es vielleicht sein, daß wir wissenschaftlich - technisch bereits in der Zukunft agieren, ohne die Wirklichkeit, die sich aus dem Einstein-Max-Planck'schen Weltbild ergibt, schon richtig verdaut zu haben ? Könnten unsere Probleme im Großen wie im Kleinen Verdauungsbeschwerden sein, ausgelöst durch die zu eilige Einverleibung einer neuen Erkenntnis?

Wenn wir die Mülldeponien unserer Mutter Erde als schwere generalisierte Furunkulose[1] betrachten und unsere vergifteten Gewässer und Flüsse als lebensbedrohliche Blutvergiftung, kann man nicht umhin, den Krankheitszustand unserer Mutter Erde als sehr ernst, fast aussichtslos anzusehen.

Könnte es vielleicht sein, daß die geistig-

---

[1]geschwürige Hauterkrankung

menschliche Entwicklung nicht mit der wissenschaftlich, technischen Entwicklung, die sich aus
der neuen „wirklichen Wirklichkeit" ergab,
schritthalten konnte?

Die Einstein'sche Aussage über die Zeit, die Her-
einnahme der Zeit in unser dreidimensionales
Weltbild zu einem vierdimensionalen Weltbild,
scheint der Knackpunkt allen Übels zu sein ? Was
ist die Zeit wirklich? - Nur ein Begriff? Aber ein
abstrakter Begriff! Also etwas Abstraktes, aber
von ungeheurer praktischer Bedeutung. Wir
schreiben den Begriff Zeit im Deutschen groß,
wie ein Hauptwort, etwas das man anfassen kann.
Doch läßt die Zeit sich nicht anfassen oder „begreifen". Wir *kriegen* sie nicht in den Griff, im
Gegenteil, *Sie* scheint uns immer mehr in den
Griff zu *kriegen* und zu *besiegen*.

Gegenwart, Vergangenheit und Zukunft unserer
Lebenszeit sind mit der Zeit aufs engste verknüpft. Was könnte es Bedeutungsvolleres geben!

Liegt in diesem Beziehungsgeflecht nicht *eine*
Wirklichkeit, die ungeheuer wirkt und die eine
ganz andere Natur hat als das, was wir gemeinhin
als Realität und Wirklichkeit bezeichnen, nämlich
den Tisch, den ich „begreifen" kann und das Geld

auf dem Tisch des Hauses, dem ich nachjage?

Wie können wir die Zeit realisieren, - fühlen, konkretisieren- wirklich wahrnehmen ?

Hinter dem abstrakten Begriff muß sich doch etwas *konkret Wahrnehmbares* verbergen !

Versuchen wir zunächst zu erhellen, was eine Abstraktion ist. Abstraktion heißt Abziehung, etwas, daß von einem **ursprünglich Ganzen** abgezogen, entfernt wurde. Bei der Zeit scheinen wir das Ganze, von dem sie abgezogen wurde, nicht mehr zu kennen. Haben wir es vergessen, dieses ursprünglich Ganze? Betrachten wir ein modernes Auto mit viel Elektronik und entfernen wir ein kleines zentralgelegenes Relais. Hierdurch kann eventuell das ganze Auto wertlos d.h. fahruntüchtig werden, obwohl nur ein sehr kleines Teil entfernt wurde. Dieses Teil kann allerdings für die *Einheit* „fahrtüchtiges Auto" von essentieller Bedeutung sein. Stünden nun in der Welt überall die so beschriebenen Autos in unbeschränkter Zahl aber ohne diese Relais herum, wären sie dennoch weitgehend ungeachtet und wertlos. Das ganze Interesse der Menschen würde sich auf die Beschaffung und Verteilung dieses winzigen Relais konzentrieren, nicht etwa auf die *im Grunde* begehrenswerten Autos. Das Entfernte, Abgezogene, Abstrakte würde dadurch eine unangemessene Bedeutung erlangen.

Ich habe das simple Beispiel mit dem Automobil bewußt gewählt, weil dieses heute eine überragende Bedeutung einnimmt und dadurch lebendig vor Augen ist. - Jeder Vergleich hinkt! - Wir können dennoch ganz gut an ihm erkennen, wie eine Sache, die wir abstrakt betrachten, sie zu einem Abstraktum machen, sie nur *einseitig wahrnehmen*, in unserem Leben zu einer unpassenden, unangenehmen Bedeutung und Macht kommen kann. Dahinter steht wie immer die „Sünde", nicht ganzheitlich zu handeln und zu denken. Je weiter wir für uns unbewußt eine Abstraktion zulassen, je mehr das *ursprüngliche Ganze* aus unserem Gesichtsfeld entschwindet, um so mehr geraten wir und die Sache aus der Balance, aus der „Einheit".

Dauerhaftes Zerrissensein, Gespaltensein, nicht in der Balance sein wirkt sich für den Menschen langfristig immer schädlich aus und führt von einem bestimmten Schweregrad an immer zu Krankheiten, Verlust, Krieg usw.. Die Überbetonung von Zivilisation und Technik muß zwangsläufig zur Zerstörung der Natur im Großen und im Kleinen, unserer eigenen menschlichen Natur, führen.

Wir berühren hier eine Nahtstelle unserer Existenz und Gesellschaft. In diesem Buch soll uns nur die innere Beziehung von Zeit und Geist wegen des angestrebten kleinen Umfanges interessieren.

Die abstrakte Zeit ist ein essentieller Teil unseres Lebens. Betrachten wir zwei weitere essentielle Teile, Geld und Macht, die Eckpfeiler unserer Zivilisation.

Zuerst das Geld, eine Abstraktion im Werden? Geld ist im Grunde nichts anderes als Ersatz für ursprüngliche Tauschobjekte, z. B. ein Ochse gegen vier Krüge mit Öl. Mit der Einführung der Edelmetallmünzen wurde der Handel flexibler, Geld hatte aber noch einen dinglichen Wert wie Ochs und Ölkrug. Mit der Einführung des Geld*scheins* begann die *Schein*heiligkeit unserer Zivilisation. Mit der Plastikkarte haben wir nicht einmal mehr reales Papier in der Tasche, sondern nur noch einen Ausweis für ein Nummernkonto.

Betrachten wir den Grad der heutigen Entfremdung, den Grad der Abstraktion. In der einen Waagschale liegt ein realer Güterzug voller anfaßbarer Waren, auf der anderen Seite eine abstrakte Zahlenreihe auf einem Kontoauszug.

Bei der Macht ist der Abstraktionsprozeß noch weiter fortgeschritten. Stellen wir uns einen Mann wie Alexander den Großen oder Dschingis Khan vor, in der *vordersten* Kampfreihe *an der Spitze* ihres Heeres, voll körperlicher Kraft und Vitalität, Mut und *überragender* Ausstrahlung - *gelebte, anfaßbare Macht in einer Person, **wirkliche Einheit aus Körper und Geist.***

Dagegen ein „Mensch" der heutigen Zeit *in* einem Bunker, *hinter* einem Schreibtisch, vor einem roten Knopf für eine Atomrakete: sehr große Macht, aber abstrakt, nicht wirklich greifbar, körperlich anfaßbar.

Ganz gleich, wie wir uns verhalten und einstellen, die Ganzheit aus Körper und Geist ist immer existent. Wir wissen dieses im Grunde und viele Menschen reden auch schon von der Einheit aus Körper und Geist. Wir sind dennoch im Allgemeinen weit davon entfernt, uns wirklich danach zu verhalten. Unsere heute vorherrschende mentale Bewußtseinsstruktur mit ihrer besonderen Fähigkeit zur Abstraktion leugnet den Geistanteil eines Wesens oder einer Sache im Allgemeinen unbewusst. Der materielle Anteil wird entsprechend überbewertet (Waagschale). - Dieser verleugnete, verdrängte Geistesanteil, eventuell maskiert als Glaube, Subjektivität, maskiert als Glaube, Subjektivität, Gefühlstiefe, Transzendenz, Irrationalität , erscheint in veränderter, verfremdeter Form und unangenehmer und letztendlich das menschliche Wesen zerstörenden Weise. Dies erleben wir seit vielen Jahrhunderten mit der Macht (magische Bewußtseinsstruktur, Jean Gebser, Ursprung und Gegenwart) und zunehmend mit dem Geld. Das wissenschaftliche Wissen, die spezielle abstrakte geistige Macht unseres mentalen Zeitalters, ist schon lange auf dem Wege, für die Menschen unvorteilhaft zu werden, da es seine Einseitigkeit nicht mehr erkennt. Das Abstrakte ist der Geistesanteil einer Sache, eines Wesens, der wegen seiner Leugnung und Verdrängung ins Unbewußte besonders aktiviert wird, (der dem Männlichen assoziierte Geist wird also wieder wie durch die Hintertür lebendig).

Die Suche nach dem Wesen der Zeit ist ein *gänzlichendes Suchen,* weil wir den verdrängten, tief unbewußten Teil wieder ans Licht heraufbringen müssen, um aus der Abstraktion das Ganze und Ursprüngliche wieder zu erkennen, es bewußt zu integrieren und letztendlich bewußt und konkret damit zu leben.

Suchen wir also nach dem geheimnisvollen Etwas, daß hinter dem Abstraktum Zeit steht, werden wir nicht so leicht fündig wie bei der oben betrachteten Macht.

Die ältesten schriftlichen und bildlichen Auseinandersetzungen mit der Zeit reichen bis 4000 Jahre zurück von Götterdarstellungen, z. B. des griechischen Urgottes Chronos über berühmte Abhandlungen Platos und des Kirchenvaters Augustin, bis in unsere Zeit. Früher waren es mehr die Geisteswissenschaftler, Philosophen oder die Künstler, heute ist es auch die Naturwissenschaft mit Lehrstühlen für Zeitforschung. die sich mit dem Problem Zeit auseinandersetzt.

Wie wenn das Abstraktum Zeit sich nicht mehr durch die einfache Maske der oben dargestellten Abstraktion verbergen würde, sondern eine zweite Maske hinter der ersten trüge? Was könnte das sein? Wie müßte eine Substanz, ein Etwas beschaffen sein, das sich seit Jahrtausenden dem Kulturmenschen entzieht?

Wie wäre es mit etwas *Unsichtbarem*? Ein raffinierter Trick gegen die Entwicklung menschlichen Erkennens. Die Zeit, die Abstraktion von etwas Unsichtbarem, etwas *Unfaßbarem*? Wenn wir das Konkrete hinter dem Abstraktum Zeit nicht sehen und anfassen können, so können wir es vielleicht ahnen, spüren, wie wir alle die Intensität der Zeit sehr wohl spüren können. - Ganz

sicher muß die Zeit etwas ganz **Grundsätzliches,
Grundlegendes** sein. Versuchen wir *einfach* uns
dem E*infachen* zu nähern, indem wir **einkreisend
„Grundlegendes" assoziieren,** ahnend suchen:

Die Menschen leben in *Raum* und *Zeit*, sie sind
Form und *Inhalt* in einem. Der Mensch und alles
was existiert hat einen *quantitativen* und einen
qualitativen Aspekt. Alles hat *Masse* und hat
Maß. Wir sind eine Einheit aus *Körper* und *Geist*.
Wir können die Welt dem *Yin* und dem *Yang* zuordnen.

Sehen wir   den Raum

                 die Form

                 die Masse

                 die Quantität

                 die Materie

                 auf der weiblichen Yin Seite,

die Zeit

den Inhalt

die Qualität

das Maß

den Geist

auf der männlichen Yang Seite.

Wir erkennen Zeit und Geist beieinander. Blickt etwa die geheimnisvolle Zeit durch die Maske des unsichtbaren Geistes? Ist die Zeit vielleicht eine geistige Kraft wie Macht und Wissen, nur viel universeller, noch viel schwieriger *in den Griff zu kriegen,* noch viel unbegreifbarer als das Menschheitsproblem Macht? Der Geist ist unsere Lebensessenz, die Quintessenz, der Äther, auch wenn unsere wissenschaftlich rational orientierte Welt hierfür noch keinen handfesten Bezug hat, da sie bisher nicht in der Lage ist, Geist zu *konkretisieren*, d. h. in unserem wissenschaftlichen Weltbild zu *quantifizieren.*

Wir sagen vorab ganz „*einfach*": *Hinter dem abstrakten Begriff Zeit verbirgt sich Geistiges.*

Wir versuchen eine Vorab-Definition:

Zeit ist eine mentale Ausdrucksweise für Geistiges. Wegen der Unsichtbarkeit des Geistes, seines amateriellen Wesens, ist die Zeit hinter dem Geist nicht faßbar, besonders nicht in einem materialistischen Zeitalter, daß den Geist schlechthin leugnet, weil er nicht quantitativ meßbar ist. *Wie soll man das Abstrakte einer Sache denken und erkennen können, wenn man die Sache selbst leugnet?* Der Geist ist uns verborgen, auch wegen seiner unfaßbaren, numinösen Qualität, er wurde zu allen Zeiten mit dem Religiösen, Göttlichen assoziiert.

Unsere Vorfahren waren nicht so beschränkt in der Wahrnehmung der Zusammengehörigkeit, des Bezuges von Zeit und Geist als einer Einheit wie der heutige Mensch mit seinem wissenschaftlich orientierten Bewußtsein. Denken wir an die Bilder und Darstellungen von höchsten Gottheiten und Zeit wie Chronos mit der Mondsichel (s. Luise v. Franz, in: Zeit, Strömen und Stille). Wenn wir uns heute mit unserem materialistisch-rational-mentalen Bewußtsein den Darstellungen und Äußerungen früherer Zeit nähern, fehlt uns die energetisch-lebendige, natur- und geistgetragene Wahrnehmungskomponente. Diese Wahrnehmungskomponente war den Menschen früherer Zeit, wie wir aus noch heute bestehenden archaischen Lebensformen z. B. der Ureinwohner Australiens wissen, offensichtlich allgegenwärtig. Klar, daß sie uns heute in unserer materialistischen, Gott und Geist entfremdeten Zeit weitgehend abhanden gekommen ist. Erst wenn wir diese *geistorientierte Wahrnehmungskomponente* wiederfinden, werden wir die Verbindung von Zeit und Geist zunehmend als solche konkretisieren. Dies kann wohl nur auf einer Bewußtseinsstufe sein, die der heutigen übergeordnet und ganzheitlich ist, ich bezeichne sie in Anlehnung an die Schrift Jean Gebsers (Ursprung und Gegenwart) als integrale Bewußtseinsstufe oder als supramentale Bewußtseinsstufe.

Die großen Probleme unseres auslaufenden Jahrhunderts können wir als Problem im Umgang mit der Zeit deklarieren oder als eine sträfliche Vernachlässigung des geistigen Anteils unserer Existenz.

Dieses Buch will den inneren Zusammenhang von zwei unfaßbaren, numinosen Aspekten unserer Existenz, der Zeit und dem Geist, dem Leser näherbringen. Es versucht, eine Energie und Intensität zu vermitteln, die verschüttete Wahrnehmungselemente und Strukturen, die wir als Menschheit alle noch in uns tragen, wieder zum Leben erwecken soll.

Der Autor versucht in dieser Schrift, die Begriffe Zeit und Geist zu konkretisieren und *Unbegreifbares begreifbarer,* faßbarer zu machen, um schließlich die Verknüpfung, die „Einheit" beider Begriffe verständlich zu machen. Ich versuche eine Vielzahl *grundlegender* menschlicher Erfahrungen mit Zeit zu bündeln und das Gemeinsame herauszustellen. - Wegen des angestrebten kleinen Umfanges dieser Schrift bin ich gezwungen, viele grundlegende Aspekte und Begriffe vorauszusetzen und auf weiterführende Literatur zu verweisen.

Ich versuche durch die Verwendung anschaulicher Berichte und Bilder auch dem esoterisch-psychisch-mystisch nicht vorgebildeten Leser *ein Fenster außerhalb seines mentalwissenschaftlichen Weltbildes zu öffnen.*

Dies könnte ein erster Schritt sein, um den Sprung von unserem noch beherrschenden Newton'schen Weltbild in das Einstein-Max Planck'sche Weltbild zu wagen.

Die Hauptschwierigkeit besteht darin, Inhalte aus dem Fühl-, Spür- und Wahrnehmungsbereich in Kombination mit dem Göttlich-religiös-numinosen „rüber zu bringen", d. h. in das Mittel unserer Sprache zu übersetzen. Es sind schließlich Inhalte aus einem Bereich, der uns gemeinhin *sprachlos* macht und stumm werden läßt. Uns

„fehlen die Worte", die bisherige Sprache versagt, bzw. ist noch nicht so weit angepaßt.

Da Licht, Farbe, Klang, Geruch und Geschmack in einem Buch nicht einsetzbar sind, bin ich auf die Mittel des Wortes und Satzes angewiesen.

Ich werde versuchen, mit Bildern, Gleichnissen und Metaphern, neuen Wortschöpfungen und „Begriffen", Gleichsetzungen, Wiederholungen und bewußter Banalität eine *energetische Suppe* zu kochen, bei der sich bei Literaten und Philologen die Haare sträuben können.[2]

Denken wir an die Essgewohnheiten unserer Kindheit und unsere Ablehnung bestimmter Speisen. Erinnern wir uns unseres Geschmackswandels in späteren Lebensjahren. Die hier gekochte energetische Suppe wird Vielen auf Anhieb nicht schmecken. Ich denke dabei besonders an die Intelligenz aus dem mental-rational-wissenschaftlichen Lager. Neugier ist möglicherweise das entscheidende Wachstumsgewürz des Kindes und das vielleicht wichtigste Substrat weiblicher Überlegenheit. - In diesem Sinne wünsche ich guten Appetit!

---

[2](Dies wäre ein sicheres Zeichen einer Verlebendigung)

Kapitel 1

Über die Austauschbarkeit der Begriffe Zeit und Geist in Literatur und Volksmund.

> Jemand, der Sklave der Zeit ist, läuft wie mit einem Brett vor dem Kopf durch die Welt.
>
> Jemand, der sich in der Zeitfreiheit befindet, schaut an dieser Stelle durch die Bewußtheit des dritten Auges.

```
<< Zeit ist eine grundlegende archetypi-
sche Erfahrung der Menschheit. Sie ent-
zieht sich bisher jedem Versuch einer
nur rationalen Erklärung. Ursprünglich
wurde sie als Gottheit oder Manifestati-
on der höchsten Gottheit erlebt, als ein
Lebensstrom, der ihr entquillt.>>
```

Diese grundlegende Aussage sind die ersten Sätze zu dem Buch: Zeit, von Marie L. v. Franz

Tauschen wir das Wort Zeit gegen das Wort Geist aus und lesen erneut: *Geist* ist eine grundlegende archetypische Erfahrung der Menschheit. Er entzieht sich bisher jedem Versuch einer nur rationalen Erklärung. Ursprünglich wurde er als Gottheit oder Manifestation der höchsten Gottheit erlebt, als ein Lebensstrom, der ihr entquillt. -

Ein zweites Beispiel:

<< Der Einbruch der Zeit in unser Bewußtsein: Dieses Ereignis ist das große und einzigartige Thema unserer Weltstunde. Es ist ein neues Thema und damit eine neue Aufgabe. Seine Realisierung durch uns bringt eine grundsätzlich neue Weltwirklichkeit. >>

Dies sind die ersten Sätze im zweiten Band des Werkes von Jean Gebser, Ursprung und Gegenwart.

Tauschen wir wieder Zeit gegen Geist und lesen:
Der Einbruch des *Geistes* in unser Bewußtsein ist das große und einzigartige Thema unserer Weltstunde. Es ist ein neues Thema und damit eine neue Aufgabe. Seine Realisierung durch uns bringt eine grundsätzlich neue Weltwirklichkeit.

Vergleichen wir beide Aussagen, jeweils mit Geist oder Zeit als Aussageträger und staunen wir über die Geschlossenheit und Sinnhaftigkeit *jeder* Aussage. - Ein billiger Trick??

Ich meine nicht! Zwei große Geister unserer Zeit, die sich intensiv mit dem Thema Zeit befaßt haben, äußern sich mit konzentrierter Geisteskraft zu Beginn ihres Werkes über die Zeit. - Die in Jahrtausenden entstandene Trennung von Zeit und Geist wird in der „gebündelten" Aussage von zwei hochentwickelten „geistigen" Menschen wieder Einheit und Wahrheit.

Fügen wir noch ein drittes Beispiel hinzu. Es ergänzt und beleuchtet die oben gemachten Aussagen sehr gut. Es stammt von Heiner Geißler aus dem Buch Rhythmen und Eigenzeiten.

<< Zeit kann man erst verstehen, wenn man sich als Natur in der Natur begreift. Wenn man Entwicklungen erlebt und versteht. Erst das Wissen um die Zeit der Natur macht uns zu wissenden um die Natur der Zeit.>>

Wir übersetzen wieder („Transformieren" wir??).

Geist kann man erst verstehen, wenn man sich als *Natur in der Natur* begreift. Wenn man Entwicklungen erlebt und versteht. Erst das Wissen um den *Geist* der Natur macht uns zu Wissenden im Hinblick auf die Natur des *Geistes*. -

Diese drei Beispiele sind keineswegs Einzelfälle. Immer dann wenn eine *grundlegende Aussage* über die Zeit versucht wird, wie z. B. in einer Einleitung für einen Vortrag oder Buch, werden die Begriffe Zeit und Geist austauschbar. Der Aspekt des *Ursprünglichen* und *Grundlegenden* wird uns in den folgenden Kapiteln immer wieder begegnen. Er nährt die Vermutung, daß Geist und seine Abstraktion, die Zeit, einer Erlebens- und Wahrnehmungswelt entstammen, zu der die Menschheit in ihrer mentalorientierten Bewußtseinsstruktur keinen Zugang mehr hat, ihn jedoch in den letzten Jahrzehnten zunehmend wieder entwickelt, weil sie ihn braucht und entwickeln muß, um zu überleben. Der Autor unterteilt in dieser Schrift bewußt nicht den Zeitbegriff in Uhrzeit, Naturzeit, Kosmischer Zeit, etc. um den Leser nicht durch Spezifizierung vom Grundlegenden zu entfernen. (Hierzu hat sich Barbara Adam in der Schrift: „Von Rhythmen und Eigenzeiten" klar geäußert). Die Uhrenzeit ist meiner Meinung nach besonders „entfremdete" Zeit. Ich meine deshalb, weil der Mensch sich „erdummt", mit der Zeit als einem *qualitativen Aspekt* unseres Seins *quantitativ* umzugehen. Für mich verhält sich Uhrenzeit (Takt) zu Naturzeit (Rhythmen) wie Kunststoff zu Naturmaterial. Ich liebe Holz!

Im Vorangehenden haben wir die konzentrierte geistige Leistung *einzelner Individuen* genutzt, um zu einer Erkenntnis zu gelangen. Es ist der gleiche Zugang, den ein Meditierender wählt, um für sich Klarheit zu erlangen. Wir wollen im Folgenden einen gegensätzlichen Weg beschreiben. Wir benutzen die Weisheit der großen Zahl eines Volkes. Wenn in einem Volke, einem Sprachbereich ein Ausspruch, ein Schnack, ein geflügeltes Wort, eine Redensart sich festsetzt, flächendeckend wird und lange hält, können wir davon ausgehen, daß die *versammelte* Intelligenz des Volkes hiermit übereinstimmt und daß sich hinter diesem „geflügelten Wort" eine tiefere Wahrheit und Erkenntnis verbirgt, die uns auf den ersten Blick noch verborgen bleibt (Wir kennen einen ähnlichen Weisheits- und Wahrheits-pool, die Welt der Märchen und Mythen. Sie wird seit Jahrzehnten von Psychologen und Psychotherapeuten angezapft).

Nehmen wir eine flächendeckend getragene Redensart, die sogar die Grenzen der Völker und Sprachen überschreitet:

Zeit ist Geld

Der oberflächliche Zusammenhang ist simpel und einleuchtend. Wenn ich eine bestimmte Zeitmenge aufbringe und in dieser arbeite, kann ich dafür eine Geldsumme bekommen. Dieser Zusammenhang ist so offensichtlich und leicht durchschaubar, daß er „eigentlich" nicht die *Gewichtigkeit* einer Redensart verdient. Die *Ganze* Intelligenz eines Volkes oder noch größeren Menschheitsgemeinschaft paart sich nicht mit einer „oberflächlichen" *Halbheit*. Suchen wir nach dem nicht ausgesprochenem, aber dennoch mittransportiertem Teil der Aussage: Zeit ist Geld. Suchen wir nach dem größeren Teil des Eisberges, der unter der Meeresoberfläche schwimmt.[3] Vielleicht gibt es einen sehr wichtigen, tieferliegenden Zusammenhang, der uns nicht bewußt ist, den wir aber mit dieser Aussage transportieren, ihn anwesend haben, der deshalb gerade bedeutungsvoll sein kann, weil er uns unbewußt ist. In der Psychotherapie sind wir dauernd damit konfrontiert, daß eine Person einen bedeutungsvollen, meist schmerzhaften Erlebnisinhalt „verdrängt" (Eisberg), ihn ins Unbewußte verbannt. Wir wissen heute, daß es gerade diese Verdrängung ins Unbewußte ist, die einem Ereignis, einen Sachverhalt eine krankmachende und zerstörende Kraft gibt. Suchen wir also nach dem tieferen Zusammenhang, der sich unter der bekannten Gleichsetzung: Zeit ist Geld verbirgt. Fragen wir nach der Bedeutung des Geldes. *Vergegenwärtigen* wir uns die zentrale, alles vereinigende, alles verbindende, alle ethnischen, religiösen Grenzen überschreitende Macht des Geldes. Es gibt keinen Aspekt unseres Lebens, der so zentral uns beschäftigt. Und dabei ist Geld schon „fast abstrakt". Vielleicht gerade deswegen?? Betrachten

---

[3](Die hier benutzte analysierende, besser *gänzlichende* Vorgehensweise dürfte für die meisten Leser sehr fremd erscheinen. Geld gehört wie Macht unserer magischen Bewußtseinsstruktur an, daß *nicht* Ausgesprochene Geheime hat hier eine besonders große Bedeutung. Siehe Jean Gebser, Ursprung und Gegenwart).

wir eine Person, die gerade den langersehnten Koffer mit 1.000.000 Dollar in Empfang genommen hat. Achten wir auf die *Andacht,* mit der die Person mit dem Koffer und dem Inhalt umgeht. Wie sie die Geldscheine *liebe*voll streichelt. Ein Bündel *andächtig* an die Lippe drückt. Sehen wir den *beseelten* Glanz in ihren Augen, vielleicht auch die Hoffnung und die freudige Erwartung. Das hier gezeichnete Bild ist uns aus vielen Filmen bekannt. Eine sehr ähnliche Gefühlstiefe kennen wir im Umgang mit Gott, meistens wohl aus Film und Theater, weniger aus eigener tiefer Erfahrung. Es gibt für mich nicht den geringsten Zweifel, daß der wahre Gott unseres materialistischen Weltbildes das Geld ist. *Noch nie war die Menschheit so gläubig und fromm wie heute!* Es gibt auch äußerliche verblüffende Ähnlichkeiten in großer Fülle. Betrachten wir die prunkvollen herausragenden Kirchen und Dome der mittelalterlichen Gotik, ihre überragende Stellung in der damaligen Zivilisation. Selbst kleine Dörfer und Marktflecken hatten oft eine ansehnliche Kirche. Schauen wir auf die heutigen Verwaltungszentren des Geldes, die Banken und Versicherungen. Ihre prunkvollen Gebäudekomplexe überragen wie die Kirchen des Mittelalters unsere Zivilisationszentren. Und jedes kleine Städtchen hat schon eine oder mehrere prächtige Bankfilialen. -

Wenn wir also Geld mit Gott gleichsetzen und

wissen, daß das *Göttliche* nicht so sehr mit dem Materiellen wie heute, sondern mit dem *Geistigen* zu assoziieren ist, kommen wir wieder zu der Zeit.

- Zeit ist Geld - Geld ist unser heutiger Gott - (Selbst der Vatikan hat eine eigene Bank, ein Gotteshaus!).

Das Göttliche ist mit dem Geistigen assoziiert - Zeit und Geist gehören zusammen, das Thema dieses Buches. Wir haben die tiefere aber sehr mächtige, weil unbewußte Ebene geortet, auf der Zeit und Geld miteinander verknüpft sind und dabei die Beziehung von Zeit und Geist berührt.

Kapitel 2

Geistesgegenwart und Zeitfreiheit.

In der Geistesgegenwart sind wir der
Vollkommenheit menschlichen Seins sehr nahe, so
wie in der Liebe.

Der Begriff Geistesgegenwart und das damit ver-
bundene Geschehen verdient unsere besondere
Aufmerksamkeit, da er einem Zeitbegriff, die
Gegenwart mit dem Begriff des Geistes vereint.
Ich bin der Ansicht, daß durch diese Vereinigung
im Wort auch *die Beziehung von Geist und Zeit*
sichtbar gemacht werden kann. Mit Worten und
Begriffen wird häufig viel *Ursprüngliches* ausge-
sagt und „transportiert" d. h. Grundlegendes,
Wahres, Aussagekräftiges (z.B. Bibel, Genesis
„Am Anfang war das Wort"). Die Werbung benutzt seit Jahren die Doppeldeutigkeit vieler Begriffe, um eine intensivierte Aussage zu machen.
Sie regt zum Nachdenken an und lenkt damit das
Interesse auf ein Produkt. Das Aha-Erlebnis[4], das
der Umworbene bei der Doppeldeutigkeit erfährt,
soll sich auf das umworbene Produkt übertragen
und tut es wohl auch. Die Sehnsucht nach Wahrheit in einer scheinheilig ,verlogenen Gesellschaftsstruktur wie der unsrigen gibt grundlegen-

---

[4] Aha-Erlebnis ist Bewußtwerdung und „Wahrheitsnähe"

den Wertungen vermehrt Bedeutung z. B. Wahrheit < das wahre Warsteiner >, Echtheit, Volksmund: „in echt?" und Ehrlichkeit, Volksmund: „Sag mal ehrlich!"

Wir wollen in diesem Kapitel die Hochgeschwindigkeitshandlungsweise der Geistesgegenwart (Sie verbraucht kaum Zeit, ist fast *zeitfrei, ist* in der *Präsenz des Geistes*, der wachen, alles durchdringenden Anwesenheit des Geistes) untersuchen -

Zunächst eine wahre Begebenheit, wie sie immer wieder aus Berichten zu erfahren ist:

<< Der 20-jährige Sohn eines Alpenbauern stürzt bei der Heuernte aus großer Höhe vom Dachgiebel auf den harten Scheunenboden. Er fällt so geschickt auf Hände und Füße, daß er nach einer kurzen Besinnungspause wieder weiterarbeiten kann. >>

Wir kennen Berichte, nach denen ein mutiger, meistens junger Mensch im letzten Moment ein spielendes Kind auf einer Fahrbahn durch einen Sprung vor einem herannahenden Fahrzeug rettet, und sich und das Kind dabei in Sicherheit bringt. Wir kennen Berichte, in denen Menschen sich vor stürzenden Bauteilen oder herannahenden Geschossen im letzten Moment in Sicherheit bringen konnten. In allen Fällen sprechen wir von Geistesgegenwart, von einer *geistesgegenwärtigen Handlungsweise.*

Was bei den oben beschriebenen Handlungsweisen bei allen betroffenen Personen physiologisch im Speziellen abläuft, entzieht sich unserer wissenschaftlichen Erkenntnis nahezu total. Wir können nur vermuten, ahnen:

Ein Mensch reagiert tierhaft, naturhaft wie z. B. eine Katze. Er benutzt nicht seine normalen, langsamen Nervenverknüpfungs und Wahrnehmungsorgane, dieser Weg wäre viel zu langsam und tödlich. Es müssen reflexartige, instinktive Mechanismen sein, also *archaische Anteile unserer Herkunft,* die fast zeitfrei arbeiten.

Es sind Berichte über unvorstellbare Leistungen aus der östlichen Lebenswelt bekannt, die heute in vielen Filmen (Kung-Fu, Ninja, u. ä.) dargestellt werden. Es wird z. B. das Fangen eines Pfeiles im Flug von einem Kung-Fu Meister dargestellt. Ich meine, daß entsprechende Leistungen einer höchsten Geistesgegenwart bedürfen und nur Menschen möglich sein können, die zeitfrei reagieren. Ich glaube, daß die hier dargestellten Reaktionen unserer vorher beschriebenen Geistesgegenwart entsprechen.

Stellen wir uns den „Alpenbauernjungen" als Mensch vor: Er ist sportlich-stabil-balanciert (androgyn?). Er bewegt sich natürlich, gelassen, ungehetzt. Er wirkt gut geerdet. In der Schule war er in Mathematik schlecht, in Religion und Sport sehr gut. Das auffallendste an ihm sind seine klaren, lebendigen Augen. Es entsteht der Eindruck, daß er voll da ist. Wenn man ihn intensiver betrachtet, bekommt man einen Eindruck, wieviel er von seiner Umwelt wahrnimmt. Diese hier beschriebene Form von Klarheit als Ausdruck von noch ungebrochener Naturnähe eines Menschen, der noch in überwiegend natürlicher Umgebung groß geworden ist, finden wir bei Stadtkindern viel seltener, etwas häufiger vielleicht bei Ausländerkindern und jungen Mädchen. Männliche Jugendliche verlieren die Eigenschaft früher als weibliche. Sie sind früher zivilisationsbedingt rational „verkopft", verlieren die Fähigkeit, das Ganze zu erfassen.

Zur Verdeutlichung der hier beschriebenen *Lebendigkeit* sei an das Gegenteil, den Ausdruck des Durchschnittsbürgers in einer Geschäftsstraße oder U-Bahn erinnert. Verschlossene, unlebendige, allenfalls nur nach außen starrende Augen, die nicht aufnehmen. Körperhaltung und Handlungsumfang entsprechen dem Augenausdruck. Ausstrahlung von Hektik und Gehetztsein. - Ich wage, bewußt verallgemeinernd, zusammenzufassen: Der geistesgegenwärtige „Naturmensch" steht in ständiger *Resonanz* und permanentem Austausch mit Natur und Umwelt; der naturentfremdete, zivilisationsgeschädigte „Stadtmensch" hat diese Resonanz, diesen Austausch nicht, zumindest viel seltener und geringer. Der Naturmensch zeigt überwiegend Gelassenheit, der „Stadtmensch" überwiegend Unstetigkeit, Hektik und Hetze. - *Der „Naturmensch" vermittelt Ruhe und Zeit, **er hat Zeit**, das Geistige ist in ihm gegenwärtig, präsent. **Er ist präsent.*** Er ist in der Lage, fast *zeitfrei zu handeln*, er verbraucht für seine Handlung keine Zeit. Er unterliegt weniger dem Zeitdruck, der Diktatur der Zeit, er ist innerlich freier. *Der Zivilisationsmensch strahlt Hektik und Gehetztsein aus, **er hat keine Zeit**, ist sich und dem Geistigen ferner, ist entfremdet, er ist unfreier, da er mehr der Diktatur der Zeit unterworfen ist.*

Wir erkennen die **Wechselbeziehung**: *Zeit haben, gelassen sein,* mit der Natur und dem Geistigen in Verbindung sein, gegenwärtig sein. - Keine Zeit *haben,* dem Streß unterliegen, dem Geistigen und der Natur *entfremdet sein.*

Die in diesem Kapitel zuletzt vollzogene *Betrach-*

tungsweise unterliegt der rationalen, mentalen Sichtweise des *Habens* (... keine Zeit haben etc.). Ich werde hierauf später noch ausführlicher zurückkommen. Es ist der oberflächliche, plakative Zugang, der für unsere Gesellschaftsstruktur üblich ist. Meine Darstellung von der Wechselbeziehung von Zeit und Geist erfolgt überwiegend aus dem Wahrnehmen und Spüren und geht von dem qualitativen Aspekt der Zeit aus, z. B. „Dichte" und Intensität, aber auch Spannung, Latenz, Potenz, Wahrscheinlichkeit und Trend.

Kommen wir jetzt wieder zu der Ergründung der unmittelbaren Beziehung von Zeit und Geist zurück. Betrachten wir jetzt, wie zwei Menschen eines Geistes sind und dabei dem Anschein nach zeitfrei, d. h. ohne Verbrauch von Zeit, sich miteinander verständigen:

Ein verliebtes Paar geht nebeneinander durch eine Einkaufsstraße, vor einigen Minuten haben sie ihre Umarmung aufgegeben. Jeder geht jetzt für sich. *Sie berühren sich nicht*, jeder hängt seinen Gedanken nach. Er blickt nach links in die Schaufenster, sie nach rechts. Ganz unvermittelt, *wie von Geisterhand* bewegen sie sich und ihre Köpfe aufeinander zu. Kein Laut! Kein vertraulicher Knuff! Sie öffnen *gleichzeitig* ihre Lippen und geben sich einen Kuß. - Wohlgemerkt, sie haben sich nicht berührt und keinen Laut von sich gegeben, alles geschah für unsere Augen völlig gleichzeitig. Daß es so etwas gibt, wissen wir alle, die Liebe macht es möglich. - Wenn wir einen Vogelschwarm, z. B. Tauben am Himmel, beobachten, wie alle Vögel gleichzeitig von einer Rechtskurve in eine Linkskurve wechseln, wie der ganze Schwarm wie von Geisterhand gesteuert am Himmel navigiert, haben wir es wohl mit dem gleichen zeitfreien Kommunikationsystem zu tun. Sender und Empfänger sind wissenschaftlich weder bei dem Liebespaar noch bei dem Vogelschwarm bekannt. Es muß sich bei dem Kommunikationssystem schon um Wellen handeln, was sonst. Bei dem Liebespaar kommen wir schnell auf die Idee zu sagen, daß sie *einer Wellenlänge* sind. Dann entsteht Resonanz, ist Resonanz möglich. - Wir sagen:

*Die Verliebten sind **eines Geistes**, es besteht eine **Gleichgeistigkeit** und diese Gleichgeistigkeit ermöglicht eine **Gleichzeitigkeit** in ihrer Reaktion.* Der Geistesgegenwärtige hat noch die Möglichkeit des unmittelbaren Zugangs zu der Vitalkraft des Geistes. *In dieser Kraft* hat er Zugang zu dieser, der Kraft offensichtlich eigenen Wirkungsweise, er handelt unmittelbar, in Resonanz[5],

---

[5]zum Thema Liebe und Resonanz äußere ich mich in einem späteren Kapitel.

ohne Verbrauch von Zeit.

Er handelt zeitfrei in der Geistesgegenwart.

In der Geistesgegenwart sind wir der Vollkommenheit menschlichen Seins wohl sehr nahe, in der Liebe auch.[6]

---

[6]Ganze Ameisenvölker sollen ähnlich wie der Vogelschwarm über ein „Gruppenbewußtsein" verfügen. Wir *ahnen,* daß in diesem Bereich archaische Bewußtseinsstrukturen berührt werden, wahrscheinlich wird der Mensch den Frieden und die Vollkommenheit der Liebe erst erleben können, wenn er diese tiefe Struktur bewußtseinsmäßig integrieren kann.

Kapitel 3

Geistwahrnehmung - Seinswahrnehmung - Transzendenz. Empfindung der Zeitfreiheit, der Abwesenheit von Zeit, ein Zustand des Seins.
Umschlagspunkt von „Geistgegenwärtigung" in Zeiterfahrung.

> In der Zeitfreiheit dauerhaft leben, ist Einssein mit dem Bioplasma unseres Energiefeldes, sich darin fühlen und daraus handeln.

In diesem Kapitel will ich mich der Wahrnehmung des Geistigen widmen, versuchen, durch unterschiedliche Mitteilungen, die Wahrnehmung geistiger Inhalte und ihres Wesens und ihrer Erlebniskraft auch dem „nüchternen", nicht spirituellen Leser näherzubringen. Über die Wahrnehmung und Wahrnehmbarkeit des Geistigen und die *gleichzeitige* Beachtung des „Zeitigen" will ich die innere Beziehung zwischen beiden beleuchten. Ich versuche die Nahtstelle, an der wir von Zeitabhängigkeit auf Geistwahrnehmung umschalten, zu orten und zu konkretisieren. Ich gehe davon aus, daß jeder erwachsene Mensch im Laufe seines Lebens in vielfältiger Weise *Seinserfahrung* gemacht hat, besonders in der Kindheit. Er hat sie in den meisten Fällen vergessen oder verdrängt, um nicht mit den gängigen Maximen unserer Gesellschaft und dem Lebensbild seiner Angehörigen in Konflikt zu geraten:

Ein Freund, wir nennen ihn Peter berichtet:

<< *In meinem Alter von 10 Jahren lebte meine Familie am Rande eines schönen, alten Hochwaldes, in dem ich mich in der näheren Umgebung gut auskannte. Eines Tages, während der großen Sommerferien, lief ich um die Mittagszeit tiefer als sonst in den Wald hinein und gelangte nach vielleicht einer Dreiviertelstunde an das meinem Elternhaus gegenüberliegende Ende des Waldes, der hier an die weite Feldmark grenzte. Unmittelbar vor mir lag eine nur wenige hundert Quadratmeter große Mulde, direkt am Waldrand. Hier gab es Heide und Bärenfellgras, kleine Birken, Rosen- und Brombeersträucher. Ich war ermüdet und suchte mir ein Lager im weichen Bärenfellgras. Die Mittagsluft flimmerte um mich herum. Ich sah Millionen leuchtende Pünktchen vor dem blauen Himmel tanzen. Die großen Bäume des Waldes rauschten sanft und vertraut. Aus dem Inneren des Waldes drang Vogelzwitschern, um mich herum summten Bienen und Hummeln. Es duftete nach Heidekraut. Neben meinem Lager verlief ein schmaler, sandiger Trampelpfad. Ich legte mich auf die Seite und blickte auf eine Ameisenstraße. Es waren wohl rote Waldameisen. Lange und versonnen*

beobachtete ich das emsige Schaffen dieser kleinen Erdenbürger, wie sie schwer bepackt und unbeirrt ihren Weg gingen. Ich fühlte mich sicher und geborgen, frei von Angst und eins mit meiner Umgebung und fiel sanft in Schlaf. Wie lange, weiß ich nicht, ich wachte erfrischt auf und machte mich munter auf den Heimweg. Mein Elternhaus erreichte ich zielsicher. - Erst viel später bei der Lektüre Theodor Storms ahnte ich die tiefe Bedeutung dieses beglückenden Erlebnisses und mir wurde klar, daß ich im Laufe des Lebens viele ähnliche Erfahrungen, überwiegend in der Natur, gemacht hatte. <<[7]

Bevor wir das Geschehen erörtern, ein zweites, vom Umfeld und der Dynamik anders gelagertes Erlebnis:

>> Eine junge Frau, wir nennen sie Marion, berichtet: Im Alter von 12 Jahren besaß ich ein hübsches Kleinpferd, dem ich mich in meiner Freizeit intensiv widmete. Ein nahegelegener großer Reitstall machte im Sommer ein Reitturnier, zu dem aus der ganzen Umgebung Kinder und Jugendliche herbeikamen. In meiner

---

[7] Das hier wiedergegebene Seinserlebnis hat Bilderbuch-Charakter, da es über eine besonders große "Erlebensspanne" Auskunft gibt. Das zehnjährige Kind sieht die kosmisch-geistige Energie, das Prana, die tausendmillionen Lichtpunkte am Himmel und nimmt intensiv das Treiben der Ameisen, einer archaischen Tierspezies, wahr.

Gruppe belegte ich den ersten Platz. Zum Abschluß des Turniers sollten alle Teilnehmer in geschlossener Formation eine Ehrenrunde reiten, man wählte mich aus, die ganze Schar anzuführen.

Es war ein herrlicher Sommertag, die Festwiese lag idyllisch am Rande eines Waldes. Viele Angehörige und andere Zuschauer säumten in bunten Sommergewändern den Festplatz. Ich war stolz über mein gutes Abschneiden bei dem Turnier und weil ich die Ehrenrunde anführen durfte. Ich fühlte mich auf einmal wie mit meinem Pferd verwachsen, wie eins mit ihm. Ich hatte nicht die geringste Mühe, es zu beherrschen und zu leiten. Es war, als ob es bereits auf meine Gedanken reagierte. Ich fühlte mich wie in Trance, gleichzeitig hellwach, glücklich und ganz leicht. Der Applaus der Zuschauer, das Flimmern des Lichtes in der warmen Sommerluft verband sich mit meiner tiefen Erregung und dem Rhythmus meines Pferdes. <<

Erlebnisse wie die hier geschilderten, werden in der Literatur als Seinserfahrung bezeichnet. [8] Die Gleichsetzung von Seinserfahrung als *eine* Art von Geisterfahrung wie ich sie hier mache, ist eher unüblich. - Dichtkunst und Philosophie zu

---

[8] Dem Autor wurde diese Art des Erlebens durch die Lektüre der Schriften Graf Dürkheims, z. B. Erlebnis und Wandlung und das Rad der Verwandlung bewußt. (Der Begriff der Bewußtseins*transformation* erscheint hier in dem deutschen Wort *Wandlung*)

allen Zeiten leben vom Sein. Eine weiterführende Erörterung des Seins-Begriffes würde den Rahmen des Buches sprengen.

Zur Erleichterung des Verständnisses stelle ich der Erlebnisform des Seins die Erlebnisform des „Habens" gegenüber, wie Erich Fromm dies in griffiger Weise in seinem Buch „Haben oder Sein" gemacht hat. Wir beginnen der Einfachheit halber mit dem „Haben".

Wir erleben die Welt im Haben, so wie wir sie jetzt rational-mental, überwiegend wissenschaftlich auf der Basis unseres materiellen, (noch) Newton'schen Weltbildes (Paradigma) im täglichen Alltag erfahren. Geldverdienen, Machterwerb, Uhrenzeitgebundenheit und die Ausnutzung wissenschaftlicher Erkenntnisse sind Grundpfeiler dieser Erlebniswelt. Wir sind Sklave der Uhrzeit und ihrer Bedingungen. - Wir reagieren hektisch, sind verschlossen, innerlich zerrissen, verkopft, selbstentfremdet und unnatürlich. Wir zerstören uns selbst und unsere Lebensgrundlage, unsere Mutter Erde. Unsere Augen sind starr, wir haben den zielenden Blick (nach dem kalten Buffet oder dem Sonderangebot). Wir sind auf Beute aus, ob nun mit dem Jagdgewehr oder mit einer Kamera, oder mit „unbewaffnetem" Auge.

Im „Sein" sind wir offen, weit, entspannt, gelassen, wie unsere Augen. Wir nehmen viel wahr, ohne es gleich besitzen, beherrschen oder davontragen zu wollen. Wir sind wach und klar, nicht verschlossen, stehen *in Resonanz* mit der Umwelt und unseren Angehörigen. Wenn wir verliebt sind und besonders wenn wir ernsthaft lieben, befinden wir uns in diesem *Ausnahmezustand*. Wir haben ein *höheres Energieniveau*, wir haben eine *starke Ausstrahlung*, die auf andere Leute anziehend wirkt, manchmal auch Haß und Neid auslösen kann. Wir erleben die Welt intensiv, unsere Sinne sind hellwach, besonders unser sechster Sinn. Wir sind in Harmonie mit uns und unserer Umwelt. *Unser Zeitempfinden ist verändert.* Zeitweilig in besonders *lebensintensiven Situationen bleibt die Zeit stehen*, wir empfinden keine Zeit. Die Fähigkeit, vom „normalen" Wahrnehmungszustand des „Habens", in den Wahrnehmungszustand des Seins *hinüber zuwechseln*, wird als *Fähigkeit zu Transzendenz* bezeichnet.

Seinserfahrung, wie hier beschrieben, ist m.E. eine Form von Geisterfahrung. Wahrnehmung (a), Wirkung (b) und (c) Nachwirkung haben Ähnlichkeit mit Erlebnissen, die als Gotteserfahrung oder Wahrnehmung von Engeln beschrieben werden. Wir werden in einem späteren Kapitel „Geistwahrnehmung", d. h. die Konkretisierung des Geistes in „intensiveren" Formen besprechen.

Zu a) bei der Wahrnehmung ist es das Geheimnisvolle, Unerklärliche und Außergewöhnliche, uns erschütternde Numinose, dann die Intensität und „Dichte" und die Unmittelbarkeit der Empfindung in allen Bereichen unserer fünf Sinne. Farben, Töne, Gerüche, Empfindungen können eine bisher nie gekannte Intensität erreichen.

Zu b) Glücksgefühl, Seeligkeit, Betroffenheit, Einssein mit der Welt sind unmittelbare Auswirkungen.

Zu c) Die Nachwirkungen bestehen in der Eigenschaft der Geisterfahrung, anhaltend auf das Leben des Betroffenen zu wirken und seinem Leben eventuell eine neue Richtung zu geben, ihm einen neuen Sinn zu vermitteln.[9] Die *Empfindung von Zeitfreiheit, die Zeit bleibt stehen*, (Erfahrung der Liebenden!) ist ein wesentliches Kriterium der Geisterfahrung. Wir befinden uns in der unmittelbaren Gegenwart, dem heute so gern zitierten Hier und Jetzt. Wolfgang Teichert verdanke ich den Hinweis, daß nach der Lehre des Alten Testaments Engel „keine Zeit hätten" also zeitfrei wären; damit war wohl auch damals „reine Ge-

---

[9]Ich glaube, daß die Wandlungsfähigkeit durch die Seins- und Geisterfahrung wie auch die Liebeserfahrung (im höheren Sinn) durch die Ursprungsgegenwart und die von diesem Zentrum des Seins ausgehende Kraft bewirkt wird. Zudem Begriff Ursprungsgegenwart siehe J. Gebser „Ursprung und Gegenwart".

genwart" gemeint.

Fragen wir uns, warum die *Wahrnehmung* eines „Zeitgeschehens" bei der Seinserfahrung so auffallend ist? Wenn Seinserfahrung Geisterfahrung ist und die Zeit nach meiner Annahme eine bestimmte Aussageform für Geistiges ist, so wird klar, das in einem Geschehen mit Geistwahrnehmung bzw. geistigem Schwerpunkt, Zeitliches ebenfalls wahrnehmbar bzw. auffällig werden *muß*. - *Zeitfreiheit*, die Abwesenheit von Zeit zu empfinden, ist etwas ganz anderes, als keine Zeit zu *haben*. Zeitfreiheit *beinhaltet* eine **Wahrnehmung**, ein Geschehen auf der Seinsebene im „Zustand" der Transzendenz, ein *Wahrsein* auf integralem, ganzheitlichen Bewußtseinsniveau. *Keine Zeit haben* (in Eile sein, hektisch sein, Streß haben) gehört dem „Haben" an, ist die Umgangsform des „Habens" mit der Zeit. Ich werde auf diese Beziehung in den folgenden Kapiteln immer wieder zurückkommen.

Kapitel 4a

Kick, Flow und steady state, die Geisterfahrung der Jugend unserer Zeit?

Wir erfahren den Mangel an Geistigem in Form von Zeitmangel.

1994 hielt ich mich im Rahmen eines Transformationsworkshops auf Maûi, Hawaii auf. Der Kontakt mit jungen Surfern lies nicht lange auf sich warten. Ich erfuhr und konnte es schließlich auch selbst beobachten, daß alle Segel-Surfer zu einem ca. 200m langen Küstenstreifen an der Nordseite der Insel fuhren, um dort je nach Geldbeutel 14 Tage oder monatelang fast ununterbrochen den begehrten Sprung, den Überschlag mit dem Surfbrett zu üben. Ich merkte, daß ich hier einem Generationsproblem gegenüberstand, daß sich meinem Verständnis entzog. Mir war es unbegreiflich, warum so viele junge Menschen aus aller Welt sich gerade hier an diesem kleinen Küstenstreifen konzentrierten. Schöne Strände mit Wind und Wellen gibt es auf der Welt zum Glück noch eine ganze Menge, oft direkt vor der Haustür. Ich erfuhr schließlich, daß es keinen Strand auf der Welt gäbe, an dem an 360 Tagen im Jahr Wind und Wellen die konstante gleichmäßige *Qualität* haben, bei der sich der Sprung mit Surfbrett und Segel in so *idealer* Weise üben läßt.

Doch auch diese Erklärung befriedigte nur meine mental-rationale Seite. Erst als jemand schon fast verzweifelt wegen meines unbeirrten Fragens erklärte: „It's a Mekka." machte es „klick" bei mir. - Es ist der andere Teil, der heilige, geistige, numinose Aspekt unseres Lebens, wie wir ihn in einem Wallfahrtsort wie Mekka am häufigsten und intensivsten erfahren können, der sich als *Qualität* zu der Quantität der vielen Sprünge gesellt und uns erregt und immer wieder anzieht. Übt die Jugend der Welt die Erfahrung der Transzendenz und Transformation, den **Transformationssprung** seit vielen Jahren auf ihre besondere Weise? Sind die Überschläge, Sprünge mit den Skiern, Snowboards, Skateboards und Rollerskates usw. Sprünge in die Welt von morgen. Allen Sprüngen gemeinsam ist das *Erlebnis, der Kick, das berührende, beglückende, ganz andere Erlebnis.*

Eine ähnliche Erlebnisqualität[10], aber meistens anhaltender als das Augenblickserlebnis des Sprungs, ist die Erfahrung des „Flow" oder „steady state" bei den vielen Sportarten, bei denen

---

[10]Man beachte auch hier die Zugehörigkeit der Qualität zum Geistigen. Yang-Geist-Inhalt-Qualität - Yin-Materie-Form-Quantität.

Ausdauer, meistens in freier Natur, auf die unterschiedlichste Art und Weise geübt wird. Wohl die meisten *Dauerläufer*, Jogger haben irgendwann einmal den *berauschenden* Zustand erlebt, immer weiter laufen zu können, fast mühelos, unerschöpfbar, mit dem Gefühl auch hier, daß das Zeitgefühl in typischer Weise abhanden kommt. Ähnlich Erfahrungen werden von vielen Forschern nach Expeditionen mit extremen Belastungen mitgeteilt; sie berichten über das berührende, begleitende, numinose Erlebnis, **wenn Denken und Tun eins wird**. Nach außen sind es immer die Sprünge, Leistungen, Ziele, die als Begründung für größte Mühe und Intensität angegeben werden. Inwieweit dennoch die Erfahrung des Seins, die Erfahrung des Geistes, die Erfahrung der Zeitfreiheit die tiefere, wahrscheinlich die eigentliche Triebfeder all dieser anstrengenden Handlungen ist, bleibt offen.[11].

---

[11] Klar, daß ich als Autor gerade dieser Schrift, die Sehnsucht nach dem Sein als die eigentliche Triebfeder betrachte.

Wir ahnen oder stellen bereits fest, daß die Nähe des Geistes, seine Erfahrung, seine *Konkretisierung* mit der *Abwesenheit von Zeit*, mit der Zeitfreiheit in einer Wechselbeziehung steht. - Wagen wir eine Formel: ***Geistnähe, „viel Geist", erhöhte Wahrnehmung des Geistigen entspricht Abwesenheit von Zeit, Zeitfreiheit, keine Wahrnehmung von Zeitverbrauch.***

Kapitel 4b

Wechsel von Geistwahrnehmung in Zeiterfahrung.

Im folgenden soll ein Sachverhalt betrachtet werden, der den Umschlag von Geistwahrnehmung in *Zeitgebundenheit* (Zeiterfahrung) verdeutlicht. Ein Klient, wir nennen ihn Klaus, berichtet:

<< Es ist Herbstabend, ich habe nach dem Mittag angestrengt körperlich auf meinem Land gearbeitet. Jetzt bin ich erschöpft und mit meiner Leistung zufrieden. Ich lehne mich entspannt über ein Weidengatter. In kleiner Entfernung von mir hält sich meine Galloway-Herde auf. Ein Teil ist beim Wiederkäuen und liegt, der andere Teil steht herum. Der Abendhimmel vor mir leuchtet in den schönsten Rottönen. Dunst und erste kleine Nebelschwaden erinnern an die Nähe der Nacht. Ich atme die Weite der Landschaft, den fernen Waldrand, den Raum, der durch einzelne Buschgruppen geteilt wird. Meine Augen ruhen genießend auf der kleinen Rinderherde im Vordergrund. Ich spüre den Frieden des Abends und die Ruhe der Herde auf mich übergehen. Ich fühle ein wenig Glück, Harmonie und Verbundenheit mit Kreatur und Natur. Ein Teil der Herde, junge und alte Tiere, kommen langsam und kauend auf mich zu, bleiben im Abstand von wenigen Metern stehen. Sie

sind gewöhnlich nach dem langen Sommer eher scheu, weil sie zu dieser Jahreszeit mehr wie wilde Tiere als wie Haustiere leben. Ein Kälbchen nähert sich weiter und leckt an meiner herabhängenden Hand, eine Kuh blickt mich eine ganze Weile ruhig und intensiv an, schließlich nähert sie sich meinem Gesicht und macht "Nase - Nase" mit mir wie die Eskimos. -

Auf einmal kommt mir der Gedanke, heute noch nicht durchgezählt zu haben. Kaum hatte ich diesen Gedanken auch nur gedacht und noch bevor ich mich aufrichtete um zu zählen, stoben die Tiere aus meiner nahen Umgebung schlagartig auseinander und von mir weg und blieben erst nach ca. 30m wieder stehen. Was war geschehen? Ähnliche Erlebnisse mit Tieren waren mir nicht unbekannt. Doch so unmittelbar betroffen, so aufmerksam, so wach, so bewußt wie an diesem Abend war ich wohl noch nie. - In der Umgebung war alles ruhig geblieben, die Tiere rannten auch eindeutig vor mir davon. Bereits mein Gedanke, zählen zu wollen, um dann mit der üblichen Aufrichtung und vielleicht auch mit leicht erhobener Hand die Zählbewegung zu machen, hatte offensichtlich in mir etwas verändert, daß die Tiere verschreckte, vorher war ich offensichtlich eins mit Natur und Tier; nur der Gedanke, ich sollte sie mal durchzählen, hat diese Harmonie schlagartig zerstört. >>

Ähnliche Erlebnisse sind mir persönlich gut bekannt.

<< *Vor einigen Jahren besuchte ich mehrmals Israel und wohnte in En Gedi, am Ufer des Toten Meeres. Von hier stieg ich in die Negev Wüste zu Wanderungen auf, die ich jeweils allein unternahm. Eines Tages machte ich mich später als sonst auf den Weg und stieg in der glühenden Mittagshitze an der Bergkette hinan. Die Luft flimmerte stark, ich schwitzte und atmete schwer. Ich ging völlig mechanisch, irgendwie ohne zu denken, so wie wenn Denken und Tun eins ist. Eine ganze Weile hatte ich das Gefühl als ob jemand dicht hinter mir ging. Als ich im Augenwickel vorsichtig seitwärts blickte, gewahrte ich eine Steinbockgeiß mit ihrem Jungen. Wir bewegten uns schließlich einige hundert Meter bergan wie drei Wanderer, still, ohne miteinander zu reden. Ich schwerfüßig, leicht stampfend, sie und ihr Junges leichtfüßig, scheinbar mühelos. Zwischen mir und meinen Begleitern war nur ein kleiner Absatz am Pfadrand, manchmal auch ein angedeuteter Steinwall. Hätte ich meinen Arm ausgestreckt, würde ich die Geiß berühren können. Ich war betroffen und gerührt zugleich, besonders weil es eine Mutter mit ihrem Jungen war. Ich wußte in diesem Moment, daß ich für eine kurze Zeit zur großen Natur gehörte und integriert war. Ein warmes Gefühl des Glücks durchströmte mich. Ich*

ahnte intuitiv, daß der Zauber sofort vorbei wäre, wenn ich einen neugierigen, fixierenden Blick auf meine Weggefährten geworfen hätte. Irgendwann trennten sich unsere Wege. >>

Wir können bestenfalls nur ahnen, was sich im Feinen zwischen Mensch und Tier in entsprechenden Situationen abspielt. Wahrscheinlich verbinden sich unsere Energiefelder zu einer Einheit, etwa dem, was Peter Schellenbaum in „Nimm deine Couch und geh!" als „Dritten Leib" bezeichnet. Einen wissenschaftlichen Zugang zu diesen feinstofflichen Prozessen besitzen wir bisher nicht. Die Wiederholung und Variation ähnlicher Erlebnisse bringt Vertrauen in die eigene Wahrnehmung. Ich versuche eine Deutung: Weidetiere in freier Natur können schneller reagieren als der normalerweise fixierende, z.B. jagende Mensch. Sie reagieren geistesgegenwärtig und zeitfrei. Ein satter Löwe beunruhigt keine Antilopenherde. Erst wenn er wie der ewig hungrige Mensch auf Beute aus ist, wird er als Feind wahrgenommen und löst eine Fluchtreaktion aus. In dem ersten Beispiel ändert Klaus, der Erzähler nur in sehr feiner Weise seine Aufmerksamkeit und löst ebenfalls eine blitzschnelle Fluchtreaktion aus.

Jean Gebser hat in seinem Werk „Ursprung und Gegenwart" die Bedeutung der Perspektive für die Entwicklung unserer Zivilisation eindrucksvoll herausgearbeitet. Mikroskop und Fernrohr sind die wohl wichtigsten Grundbausteine unserer wissenschaftlich-technischen Welt[12]. Die Natur in ihrer Harmonie und Wechselbeziehung kennt keine Zeit, wie Uhrenzeit, nur Rhythmen. Die Natur existiert primär im „Sein". Das „Haben" ist die Welt des optischen Fixierens, des Zielens und Schießens. Wenn wir voll auf unsere mental-rational-wissenschaftlichen Möglichkeiten „abfahren" wie heute besonders deutlich bei Computerenthusiasten erkennbar, verlieren wir unsere Nähe zu Kreatur und Natur und *selbst*verständlich auch zu uns.

In beiden Berichten findet sich der Erzähler in engster Verbindung mit Natur und Kreatur. Das erste Mal in entspannter, ruhender Haltung, das zweite Mal in Bewegung, einem Zustand den wir „Flow" oder „Steady state" nennen (siehe Kapitel 4a). Ich spürte (zweiter Bericht) *während* des Erlebnisses intuitiv, daß ich die unübliche Harmonie zwischen Mensch und freilebendem Tier sofort zerstören würde, wenn ich anfinge, mit meinem Blick zu fixieren, zu zielen, zu projizie-

---

[12]Die Anwendung von Mikroskop und Fernrohr basiert auf dem Funktionsverständnis unserer Augen mit seiner Linse. Der Beginn der Abhängigkeit der Gesellschaft von der Uhrenzeit datiert mit der ersten Taschenuhr aus der gleichen Zeit.

ren (bemerke: Projektil = Geschoß). In dem ersten Bericht ändert Klaus, der Erzähler, seine Grundhaltung. Er wechselt von seiner Gelassenheit in die zielende Gespanntheit des Zählers. Bemerkenswert, daß offensichtlich bereits der Gedanke eine Veränderung bewirkt, die *schlagartig* von der Herde wahrgenommen wird und die die Harmonie zerstört. Die Schlagartigkeit erinnert an Zeitfreiheit, keinen Zeitverbrauch. Der Erzähler befand sich offenbar anfangs in einem Zustand der „Einheit" mit den Tieren. Aus dieser heraus reagierten die Kühe zeitfrei, als der Erzähler den gemeinsamen „Harmoniezustand" verließ und in die „Welt des Habens" zurückkehrte. Wir wechseln von einem „im Geiste Sein" in der „Seinsebene" in die „Haben-Ebene", in der wir „verkopft", in Hetze, innerlich zerrissen sind und dem Diktat der Uhrenzeit unterliegen. Je spitzer der Projektionsstrahl wird, der von uns aus in den Weltraum oder das Mikroskop gesandt wird, je mehr wir *Spezialist* sind und *nicht ganzheitlich umfassend Erfassender*, um so mehr leiden wir an Zeitmangel. Begegnungen, die wirkliche Tiefe, Intensität und Dichte im Zwischenmenschlichen enthalten, können wir dann immer schlechter aushalten. Wir suchen die Ablenkung durch Äußerlichkeiten wie Konsum und Smalltalk. Wir sind für wesentliche und grundsätzliche Dinge blockiert, wir sind „zu". - Wir haben keine Zeit, wir terminieren und „*verplanen*" unsere Freizeit mit Hobby und Sport. Wir sind nicht wirklich gelassen. Wir können das Sein und die Intensität des Geistes nicht zulassen, am schnellsten erkennbar an unseren Augen, dem fixierenden, starrenden Blick[13]. Keine Zeit haben bedeutet, die Wirkkraft des Geistigen nicht in unser Leben zu integrieren, diesen Teil nicht zu leben und ihn nicht zuzulassen. Je mehr wir innerlich und äußerlich auf unser materialistisches Zeitalter „abfahren", um so mehr entfremden wir uns unserer Einheit, unserer ursprünglichen Kraft und Gestalt. ***Wir erfahren den Mangel an Geistigem in Form von Zeitmangel*** mit seinen Auswirkungen Streß, Hetze, Zerrissenheit. Oder anders ausgedrückt, wir begeben uns in Streß, empfinden Zeitmangel und verlieren den Kontakt zu Natur- und Geistaspekt und zu uns *selbst*.

---

[13]Wir kennen das Amulett mit einem Augensymbol aus der islamischen Welt, mit dem der „böse Blick" abgewehrt werden soll. Es wird von der Landbevölkerung viel häufiger getragen als von der Stadtbevölkerung. Betrachten wir die überwiegend weichen Augen der Bevölkerung auf dem Land wie in Marokko oder der Türkei, ahnen wir schnell den tiefen Zusammenhang. Die Landbevölkerung hat häufiger noch den „naturellen Blick", den Blick des Seins, die Stadtbevölkerung viel seltener. Der naturentfremdete Blick des Habens wird von dem naturnahen Teil der Bevölkerung als böse empfunden.

Kapitel 5

Zwischenbilanz

> Im Zustand der Zeitfreiheit, in der Abwesenheit
> von Zeit, in der Erfahrung des Seins, wird Geist
> für uns konkret.

In den bisherigen Kapiteln habe ich Ausdruck
und Wirkformen von Zeit und Geist beleuchtet
und versucht, innere Beziehungen herzustellen.
Wir konnten erkennen, daß hinter dem unfaßbarem Begriff Zeit[14] - sich Geistiges verbirgt, daß
Zeit irgendwie eine Ausdrucksform des Geistes
ist. Wir haben erkannt, daß das Qualitative eine
grundlegende Gemeinsamkeit von Geist und Zeit
ist und wir es als Intensität, „Dichte", Spannung
und Energie wahrnehmen. "Von der Seite des
Geistes" empfinden wir das Unmittelbare, die
Resonanz, das "eines Geistes", "einer Wellenlänge sein", das Numinose. Wir fühlen uns Eins mit
der Natur, mit dem Kosmos, mit dem Partner.
*Wir haben die Wahrnehmung der Gleichzeitig-
keit, als ob unser beider Handeln von einem Ursprung ausgeht, und dies heißt dann nichts Anderes, als ob wir im Grunde Eins sind, nämlich in
diesem Ursprung.*- Wir empfinden das Schrump-

---

[14] Man beachte die innere Widersprüchlichkeit des Ausdrucks *unfaßbarer Begriff,* etwas, das ich fassen kann und dann wieder doch nicht.

fen von Zeit bis zu ihrer Abwesenheit, die Verringerung von Zeitverbrauch bis hin zu dem beglückenden Moment der *Zeitfreiheit, dem Erlebnis unmittelbarer Gegenwart, dem Erlebnis unserer vollen Präsenz,* dem Eingehen in unser modernes Allerheiligstes, dem Hier und Jetzt. Ich kann mir gut vorstellen, daß die Konkretisierung des Hier und Jetzt zum Grundbaustein einer zukünftigen, die Welt umfassenden Religion wird. Vielleicht brauchen wir „nur" noch das Geld ganzheitlich zu entlarven und von seinem Altar zu stoßen.

Wir haben die Nähe zu Vollkommenheit in geistesgegenwärtiger Handlungsweise betrachtet und menschliche Eigenschaften gesammelt, die wir in diesem Zusammenhang antreffen, wie Naturnähe, Wachheit, Präsenz, Unerschrockenheit, Gelassenheit, erhöhtes Energieniveau, starke Ausstrahlung und Unabhängigkeit, weil nicht so sehr dem Diktat der Uhrenzeit und des Geldes unterworfen. Wir haben keinen Unterschied gemacht, ob der Betreffende bewußt oder unbewußt handelt, obgleich dies ein riesiger Unterschied ist; vergleichbar etwa einem Naturmenschen aus dem Busch und einem Samurai.

Wir haben Erlebniszustände, die heute vielen

zugänglich sind, auf ihren *qualitativen Inhalt,* auf den Aspekt geistiger Wahrnehmung untersucht. Wir lernten das *tiefe Naturerlebnis* als Geist- oder Seinserfahrung kennen. Wir haben "kick" und "Steady state" als Zustände beschrieben, in denen jüngere Menschen heute Geistiges bei aktiver körperlicher Betätigung erleben.

Wir wagten eine formelhafte Vereinfachung: "Geistnähe", viel „Geistiges", erhöhte Wahrnehmung des Geistigen entspricht Verringerung von Zeitverbrauch, Zuständen von Zeitfreiheit, Abwesenheit von Zeit. Schließlich haben wir den Umschlag von Zeiterfahrung (als Abhängigkeitserfahrung) in Geistwahrnehmung untersucht. Wir konnten beobachten, daß der Sprung von einer Erlebnisweise in die andere damit zu tun hat, wie wir die Welt wahrnehmen.

Der überwiegende Einsatz unserer fünf Sinne, speziell der zielende Einsatz unserer Augen, entsprechend der vorherrschenden mentalen Bewußtseinsstufe, ist der "normalen" Zeiterfahrung assoziiert. - Unser sogenannter sechster Sinn, unsere ganzheitliche Wahrnehmung ist mit der Wahrnehmung, geistiger Inhalte gekoppelt. - In der ersten Hälfte habe ich versucht, das Geistige mehr im Alltäglichen oder fast Alltäglichem sichtbar werden zu lassen. In der zweiten Hälfte will ich diese Art der Wahrnehmung durch die Erörterung "spezieller"[15] spiritueller Erfahrung vertiefen und dabei den Zusammenhang mit dem Zeitaspekt weiter konkretisieren. Ich will die Grenze zwischen Zeiterfahrung und Geistwahrnehmung, die wir einerseits als tiefen Abgrund (Raumempfindung) andererseits nur als winzigen Spalt (Zeitumschlag, Pendel, Schwingung) erfahren, weiter beleuchten, in der Hoffnung, uns den inneren Bedingungen zu nähern, in denen wir einer ganzheitlichen Wahrnehmung näher kommen können. Wenn wir Randgegebenheiten im Zeit/Geist -bereich zum Thema haben und den Blick *gleichzeitig auf des Ganze* richten, wird die Mitte, die Einheit *auto*matisch *mitschwingen* oder anders ausgedrückt: Wir umkreisen die Kluft zwischen Zeiterfahrung und Geistwahrnehmung, wir versuchen die Entfernung, die durch die innere Widersprüchlichkeit gegeben ist, zu verringern, in dem wir eine "gänzlichende" Betrachtungsweise wagen. Auf der Ebene des Wortes und der Schrift können wir uns der Einheit als einem Paradox nur bedingt nähern. Durch Umkreisen können wir jedoch den Sachverhalt so hoch mit Energie aufladen, daß er in uns auf der anderen

---

[15] Der Leser möge die vielen Gänsefüßchen entschuldigen, sie sind Ausdruck für das Ringen um Worte in einem Bereich, in dem das Mittel der Sprache versagt.

Ebene spürbar und erfahrbar wird (siehe Einleitung, ...energetische Suppe), ein Verfahren, wie es in vergleichbarer Weise in schamanistischen Ritualen üblich ist.

Ich will im zweiten Teil dieser Schrift geschaute Bilder, die nicht alltäglich und „ferne Gedanken, die in unserer realen Welt" unüblich sind, hier äußern. Es sind Bilder und Gedanken, die in besonderem Maße dem neuen Weltbild mit seinem integralen Bewußtsein zuzuordnen sind. Gedanken und Bilder dieser Art werden bereits von vielen Menschen unserer Zeit gedacht bzw. gesehen, mehr von Frauen als von Männern. Sie werden normalerweise nach ihrem Auftauchen wieder ins Unbewußte verdrängt, bestenfalls im Geheimen mitgetragen. Sie sind für die meisten Mitmenschen, entsprechend unserem noch vorherrschenden Weltbild, noch nicht logisch und kausal zuzuordnen. Die Gefahr, daß man als spinnig, verrückt oder gar wahnsinnig angesehen wird, wenn man sie an der falschen Adresse äußert, ist sehr groß.

Ich glaube, alles ist was ist.

Was meine ich damit:

Die Halluzination eines Schizophrenen hat irgendwo genauso ein Substrat wie die geordnete

Rede eines Politikers. Als menschliche Wesen nehmen wir nur einen sehr begrenzten Teil von Informationen auf, die uns in jedem Moment zufließt. Es ist Energie in Form von Wellen oder Quanten, die den Äther, also auch das „leere" Universum erfüllt. Wir sind (Radio)*sender und Empfänger zugleich.* Als normal und noch normal betrachtet die menschliche Gesellschaft alles, was ihrer gemeinsamen Wellenlänge entspricht. Alles, was außerhalb ihres *Frequenzspektrums* sich abspielt, stuft sie als unnormal, spinnig, verrückt, wahnsinnig ein und neigt dazu, es auszugrenzen (z. B. in Krankenhaus, Gefängnis, Psychiatrie). - Wer den Horror einer Intensivstation überstehen kann, hat den Beweis erbracht, der Allgemeinheit zugehörig zu sein und darf wieder mit der Herde mitlaufen.

Halluzinationen, Illusionen, Erscheinungen, Geisterfahrungen, Träume, Wahnbilder, Stimmen, sind alles Energien, die in Form von Gedanken, Bildern und Geräuschen von unserem „Empfangsteil" wahrgenommen werden, jedoch nur von einem Teil der Gesellschaft und in unterschiedlichem Umfang und unterschiedlicher Intensität. Wer diese Informationen *sinnvoll* in sein eigenes Leben integrieren kann und sich in das Leben der Gemeinschaft einbringen kann, wird als Mitglied akzeptiert. Wem dies nicht gelingt, wird als **geis-**

teskrank, verrückt oder wahnsinnig von der Gesellschaft ausgestoßen.

Ein Künstler ist für mich ein *leicht Wahnsinniger*, dessen Lebensinhalt darin besteht, seinen *etwas erweiterten Frequenzbereich (Wahrnehmungsbereich)* anderen mitzuteilen, um weniger einsam zu sein. - Die Masse rennt in Vorführungen, Ausstellungen, Museen, um den eigenen beschränkten Wahrnehmungshorizont (möglichst schmerzarm) zu erweitern. - Der gewöhnliche Künstler braucht die Masse, die Masse braucht den Künstler. - Die Masse ist der Materie und Yin, dem Weiblichen assoziiert, der Künstler dem Yang, dem Geist, dem Männlichen. - Je tiefer wir Zusammenhänge betrachten, je mehr wir uns dem Grundsätzlichen zuwenden, um so mehr spüren wir den Wunsch nach Einheit.

Ein uraltes Bild für den Lauf des Lebens, dem *Lauf der Zeit*, dem Lauf aller Dinge, ist das Bild des Fadens, der über eine Spindel gewickelt wird. („Sein Leben an einem seidenen Faden hing ....") In der germanischen Mythologie spinnen die Nornen den Faden des Universums und des Lebens.

Die Fähigkeit des Menschen, sich Kleidung nicht nur aus Fellen, sondern aus waschbarem Stoff herzustellen, ist mit der Herstellung des Fadens verknüpft. Diese zivilisatorische Fähigkeit ist sicherlich ähnlich bedeutsam wie der Umgang mit dem Feuer und die Herstellung von Waffen. Betrachten wir den Prozeß des Spinnens und Webens, gehen wir sehr weit zurück in einen fast *archaischen Zeitabschnitt.*

Wenn wir von Markt*struktur* und weltweiter Handelsver*flechtung* reden, schwingt dieser Teil unserer Existenz immer mit, ob wir wollen oder nicht. Wir sind auf einer Betrachtungsebene angelangt, die ein Zwischen*produkt*, den Stoff, zur Grundlage hat. - Heute wird *produziert* auf „Teufel komm heraus". Der Sinn eines Produktes ist fast immer Nebensache, Hauptsache die Wirtschaft entwickelt sich weiter. - Wenn es gelungen ist, ein neues technisches Produkt zu entwickeln, bekommen sogar noch die meisten Ökologen triefende Augen. Das hohe Ansehen von Wissenschaft, Forschung, Entwicklung und Technik ist auch heute noch fast ungebrochen. Auch heute noch brauchen viele nicht einmal die Peitsche der Werbung, um willig wie Lemminge einer technischen Neuentwicklung nachzurennen. Wir entwickeln Verfahren, um eine Tomate noch Ostern essen zu können, wenn wir sie Weihnachten gekauft haben und keiner geht auf die Barrikaden! Wir regen uns in Deutschland über die Gefährdung durch englischen Rinderwahn auf, ohne zu begreifen, daß wir per Computeranwendung zu einem bedrohlichen Kollektivwahnsinn manövriert werden. Hitlers Wahnsinn und seine Reichsautobahnen scheinen als Datenautobahnen wieder aus der Versenkung aufzutauchen.

Reicht es wirklich aus, uns nur dem „Entwicklungsprozeß" zuzuwenden? Müssen wir nicht endlich anfangen, den Entstehungsprozeß unseres Lebensfadens noch gründlicher zu betrachten? - Wir sind mit unserer Aufmerksamkeit an einer Stelle angelangt, wo der fertige Faden auf eine Spindel gewickelt und wieder entwickelt (abgewickelt) wird. Sollten wir uns nicht mehr dem eigentlichen *Spinn*prozeß, dem Herstellungsprozeß des Fadens widmen, um den *Sinn* unseres Tuns nicht aus den Augen zu verlieren? Der Wunsch nach mehr Sinn in unseren Leben steht nach Meinungsumfragen ganz oben an. - Vergessen wir nicht, daß die Begriffe Sinn und Spinnen nahe verwandt sind. Wir sagen im Uhrzeiger-sinn und meinen eine Bewegung nach rechts, im Englischen in the right sense (der Spin ist physikalisch eine Drehbewegung um die eigenen Achse). - Wenn wir Wolle verspinnen d. h. zu einen Faden verarbeiten wollen, zwirbeln wir sie in eine konstante Drehrichtung, wir machen mit Daumen und Zeigefinger eine fortlaufende Drehbewegung und gleichzeitig eine ziehende und spannende Bewegung mit der rechten und linken Hand. Jetzt spinnen wir den Faden, den wir dann als nächstes aufwickeln.

Haben wir nicht lange genug wie gebannt *nur* auf „Entwicklung" geschaut, und dabei die Beziehung zum Spinnen bzw. Sinn verloren? Sollten wir nicht irgendwann den Mut haben, noch einen Schritt weiter zu gehen, danach zu schauen, wie der *Faden der Zeit* hergestellt wird? Sollten wir nicht inzwischen auch mal das Spinnen betrachten und nach dem Sinn unseres Tuns fragen? Ist es nicht an der Zeit, nach dem Entwickeln des Fadens ihn auch noch *aufzudröseln*, den eigentlichen Spinnprozeß zu betrachten, uns der vielen Wollfäden bewußt zu werden, aus denen er gesponnen ist? Um dem Prozeß des *Werdens* und *Seins* näher zu kommen?

Das Fell der Tiere (Schafe) ist wohl das Urbild erwärmender Kleidung für den nackten Menschen. Mit dem Wolleabsammeln von Dornensträuchern und später mit dem Scheren der Schafe beginnt der Umwandlungsprozeß zu zivilisierter Kleidung, geschieht ein Stück Transformation. Wenn wir Zeit und Geist verstehen wollen, müssen wir den Faden des Lebens wieder aufdröseln und uns noch weiter zum Ursprung hinbewegen!

In den folgenden Kapiteln will ich mich in der oben beschriebenen Ebene aufhalten, auch auf die Gefahr hin, von rational-mental-realen „Entwicklern" als „Spinner" bezeichnet zu werden.

Die Chaosforschung blickt aus ihrem immer noch mental-wissenschaftlichen Zentrum über den Schüsselrand und nimmt Integrales wahr (als Chaos, insofern dürfte der Begriff „wahrnehmen" nicht erlaubt sein.) „Wirklich" integral wahrnehmen und handeln ist nur möglich, wenn ich in die Suppenschüssel hineinsteige.

Kapitel 6

Wahrnehmung der „Gesichte", eine andere Form der Geistwahrnehmung und Zeiterfahrung in der Nähe von Augenblick und Ewigkeit. - Das Sehen mit dem „dritten" Auge, über die Pünktlichkeit.

> Wenn wir entlang der Zeitachse gehen, von hinten nach vorn, durchschreiten wir unsichtbare Wände. Unser Brett vor dem Kopf ist die Wand, die wir innerlich überwinden müssen, um in die Zeitfreiheit zu gelangen
>
> Dies ist gleichbedeutend mit einer bewußtseinsmäßigen Integration der Frontalebene, mit der wir Raum und Zeit, Form und Inhalt in einer tiefen Weise erobern..

Wir wollen in diesem Kapitel die Wechselbeziehung zwischen Zeit und Geist in einer besonderen Form des Sehens untersuchen, die Wahrnehmung eines menschlichen Gesichtes jenseits unserer üblichen inneren optischen Abbildung; eine tiefergehende Sehweise, die die Wahrnehmung eines geistigen Inhaltes konkret werden läßt.

Der Begriff der Ewigkeit wird in Sprachgebrauch und Literatur unterschiedlich benutzt. Normalerweise verstehen wir unter Ewigkeit die Jahrmillionen des Universums oder eine sehr lange (quantitative) Zeitdauer.(< Es kam mir wie eine Ewigkeit vor, bis du endlich nach Hause kamst. >)

In der kirchlichen Sprache wird Ewigkeit auch im Sinne einer sehr kurzen Zeitspanne benutzt. Dahinter steht die Annahme, daß in den Augen Gottes die Jahrmillionen zu einem „Moment" zusammenschrumpfen. Im Grunde ist dies nichts anderes als eine Betrachtungsweise der Zeit von der Seinsebene, der Geistebene, wie wir es auch immer wieder versucht haben, und beleuchtet einmal mehr die Problematik unseres Themas. - Wir sprechen z. B. von einem Augenblick, der uns wie eine Ewigkeit vorkam.

Der Augenblick ist die Zeit eines Lidschlags, eine sehr kurze Zeitdauer, die fast keine ist, weil sie so klein ist, fast zeitfrei, frei von „Zeitverbrauch". In so einem Augenblick herrscht eine sehr hohe Intensität, eine Dichte der Wahrnehmung und des Geschehens, eine fast unerträgliche Spannung, so als ob alles bisherige sich *zu einem Punkt konzentrierte* und auf (Er)-Lösung wartete. Wir erkennen auch hier wieder das Phänomen von Intensität, Dichte und Spannung und die begleitende Zeitfreiheit verbunden mit einer spirituellen Wahrnehmung. - Diese Wahrnehmung eines mysteriösen Geschehens kann nach kürzester Zeit vorüber sein oder sich auch über einen etwas längeren Zeitraum erstrecken. Sie ist jeweils mit einem Glücksgefühl verbunden. Hier zwei sich ergänzende Beispiele.

Ein Kollege berichtete mir:

<< Es war an einem Arbeitstag wie jeder andere. Ich hatte eine Mitarbeiterin, die altersmäßig deutlich über dem Durchschnittsalter der sonst jungen Crew lag und deren Gesicht schon die Kerben eines wechselvollen Lebens in Falten ausdrückte. Sie war mir gegenüber normalerweise ängstlich und unsicher und sehr zurückhaltend. – An diesem Morgen ging sie offen auf mich zu und begrüßte mich freundlich lächelnd. Für einen Augenblick sah ich in das Gesicht einer wunderschönen reifen und noch jungen Frau, ohne Falten. Die Augen dunkel und tiefgründig weiblich. – Ich wußte **schlagartig**, daß ich die innere Schönheit dieser Frau habe sehen dürfen. Das Ereignis begleitete mich den ganzen Tag. Der **kurze Augenblick** blieb mir unvergeßlich. Wenn ich sie später in ihrem normalen Aussehen sah, war dieses andere, geheimnisvolle Bild immer anwesend. – Ähnliche Erlebnisse, meist mit Frauen, traten nach diesem Tag immer wieder auf. Sie haben meine Beziehung zu dem geheimnisvollen Wesen, der Person mir gegenüber, nachhaltig verändert. >>

Hier noch ein weiterer Bericht mit ähnlicher Wahrnehmung, jedoch einer längeren Dauer, ein etwa 50-jähriger Freund erzählt:

<< Ich liege mit meiner Frau auf einem Sofa, wir berühren uns leicht körperlich mit den Händen, sind aber nicht eng umschlungen, so daß wir uns entspannt anblicken können. Wir reden offen über persönliche, tiefe Dinge. Schließlich schweigen wir und blicken uns nur noch an. Ich spüre, wie die Intensität unseres Gesprächs in der Sprachlosigkeit noch an Kraft und Dichte zunimmt. Der Blick meiner Frau gewinnt an Tiefe und Wahrheit. Ihre Gesichtskonturen treten etwas zurück, werden unschärfer, etwas verschwommen. Plötzlich sehe ich sie in einer Weise wie bisher noch nie in unserer Beziehung: Anfangs als junges Mädchen, verspielt, fröhlich, dann als knabenhaften Jüngling, vital-lebendig, danach als erotisch-verführerische junge Frau, schließlich faltig und älter, etwas verhärmt. Die Gesichte wechselten von Augenblick zu Augenblick. Ich hatte ein Gefühl, als ob die Zeit stillstehen würde. Ich war betroffen, gerührt und fühlte Glück. Es war, als ob ein Hauch von Ewigkeit durch mich hindurchgezogen wäre. Ein Gefühl als ob es keine Zeit gäbe, alles gleichzeitig wäre und in einem. Ein Gefühl von tiefer Verbundenheit zu meiner Frau und **gleichzeitig** zu mir. Ich fragte mich, ob ich in ein Leben oder in viele Leben geblickt hatte

(die Betonungen durch Fettschrift sind vom Verfasser).>>

Die hier von beiden Personen wiedergegebenen spirituellen Erlebnisse haben sich später bei beiden Personen wiederholt. Es hat den Anschein, als ob die Öffnung des Wesens, in dieser Form zu sehen, eine andauernde Fähigkeit hierzu freisetzen kann. Damit verloren die Ereignisse nach und nach den anfänglich tief berührenden, betroffen- und nachdenklichmachenden Eindruck. Der Betroffene spürt, daß er sich eine neue außergewöhnliche Fähigkeit angeeignet hat. Zu einer Mitteilung an Dritte und zu der betreffenden Person, an der die Wahrnehmung aufgetreten ist, kommt es normalerweise nicht, weil derjenige erwartet, nicht verstanden zu werden.

Das besondere an dem zweiten Bericht ist, daß einerseits das Gefühl von Zeitfreiheit oder stillstehender Zeit in der intensiven Begegnung entsteht, andererseits eine Ahnung von geschrumpfter, komprimierter, sehr langer Zeit (ein ganzes Leben) durch den Wechsel der „Gesichte" in dem betreffenden aufsteigt.

Dem rational-mental ausgerichteten Leser werden die allgemeinen Geisterfahrungen und noch mehr die letzten spirituellen Berichte sehr fremd vorkommen. Dabei dürfte die Fähigkeit, unterschiedliche „Gesichte" wahrzunehmen, für uns Menschen etwas ziemlich Alltägliches sein. Ich glaube, daß es sehr viele Menschen in unserer Gesellschaft gibt, die trotz aller Entfremdung hierfür noch sensibel sind. Ich denke da z. B. an junge Mütter, die ihr neugeborenes Kind wieder und wieder ansehen und mag es das häßlichste Kind der Welt sein. Sie scheinen etwas anderes zu sehen, *mehr zu sehen* als der „nicht persönlich betroffene" Nachbar.

Fragen wir uns doch häufiger, was zwei Menschen, die sich offensichtlich sehr zugetan sind, wohl zusammengeführt haben mag, wenn sie *dem Äußeren nach* überhaupt nicht zueinanderpassen. In ihrer *Resonanzfähigkeit* sehen sie anscheinend Inneres, nämlich mehr Geistiges als ein normaler Außenstehender wahrnehmen kann. Wir kennen die Beobachtung, daß Verliebte sich stundenlang gegenüber sitzen und anschauen können. Das Gesehene, ganzheitlich Wahrgenomme, ist offensichtlich so spannend, so faszinierend und belebend, daß bei ihnen keine Langeweile entsteht, daß die Zeit stehen bleibt, alles Jetzt und Gegenwart ist, alles um sie herum versinken kann. - Hier also nicht nur unser bekanntes Mysterium der Zeitfreiheit (Die Zeit hört auf, für die betref-

fenden zu existieren) sondern auch daß Phänomen der Raumveränderung („der Raum ver-
sinkt"). Wir können davon ausgehen, daß Liebende viel mehr als der verschlossene Durchschnittsbürger wahrnehmen. Liebe macht *klarsichtig*, nicht etwa blind, ein weitverbreiteter Irrtum.

Beachten wir noch die Wahrnehmung von Künst-
lern. Auf manchen Portraits oder Karikaturen
erkennen wir uns sehr fremd erscheinende Aspekte einer Person. Erst bei intensiver Betrachtung
und keineswegs immer, erkennen wir die betreffende Person wieder. Der malende Künstler sieht
bekanntlich die Welt mit „anderen Augen".

Die Sehnsucht nach der Fähigkeit mehr bzw.
„wirklich zu sehen" zieht sich wie ein roter Faden
durch die Menschheitsgeschichte. Dabei werden
immer wieder zwei Aspekte betont: Erstens, das
Sehen mit dem sogenannten dritten Auge und
zweitens, das Sehen mit dem Herzen (z. B. in:
Der kleine Prinz, St. Exupéry).

Hindufrauen tragen einen roten Punkt auf der
Stirn, in der Mitte über der Nasenwurzel. Er sym-
bolisiert das dritte Auge, ist Schmuck und
Wunsch zugleich, die Sehnsucht mehr zu sehen

als es der einfache optische Linsenapparat unseres Auges ermöglicht. Die Fähigkeit des Sehens mit dem dritten Auge wird allgemein als höhere spirituelle Leistung empfunden und als Ausdruck eines meditierten Zustandes. Dahinter steht „heil sein" im Gegensatz zu dem Durchschnittsmenschen, der mehr gespalten oder „kaputt" ist.

Wenn wir vom Sehen mit dem Herzen sprechen und vom Sehen mit dem dritten Auge, meinen wir die gleiche Wahrnehmungsfähigkeit. Ich meine, das eine ist ohne das andere nicht möglich. Wenn wir sagen, wir sehen „mit den Augen der Liebe", haben wir auch begrifflich das Herz (Liebe) und die Augen miteinander verbunden. - Die sogenannte Öffnung des Herzens ist die Öffnung zu spiritueller ganzheitlicher Wahrnehmung.

Das Herz ist wahrscheinlich der wichtigste Kreuzungspunkt zwischen der horizontalen und der vertikalen Ebene. Als christlich-abendländische Zivilisation leben wir im Kreuz, unser Symbol, unabhängig davon, wie ernst wir es mit der christlichen Botschaft wirklich meinen. Das Kreuz entsteht aus den beiden Linien, die die horizontale und die vertikale Ebene symbolisieren. Wir können praktisch alle Dinge des täglichen Lebens diesen Ebenen zuordnen. Z. B. steht horizontal für Beziehung im weitesten Sinne, einschließlich der Benutzung unserer Arme und vertikal für Struktur und Ordnung. - Es gibt auch noch andere Kreuze und Kreuzungspunkte als das Herz in unserem Körper, z.b. gebildet aus der Horizontallinie, die die Augen miteinander verbindet mit der Vertikalen. Oder aus der Horizontalen, die durch beide Hüftgelenke hindurchgeht, mit der Vertikalen, auch Sagitalebene (anatomisch) genannt.

Ich will versuchen, die wahrnehmbare Zeitfreiheit, die beim Sehen mit dem dritten Auge entsteht, verständlich zu machen: Um uns selbst wahrzunehmen, zu spüren, zu erleben, ist es notwendig, den Raum um uns herum und in uns für unsere Wahrnehmung zu öffnen. Unser bisheriges Leben ist durch die Vertikale und die Horizontale (Ebene) charakterisiert. Diese beiden Ebenen schneiden sich zu einer Linie, die von hinten nach vorn durch uns hindurchgeht. Wir erfahren sie als *Zeitachse*. Hinten ist Vergangenheit, vorn die Zukunft, in der Mitte, in der Brust, im Herzen, die Gegenwart.

Pünktlichkeit ist das Markenzeichen unserer westlichen Zivilisation. Wir versuchen ständig, noch genauere Uhren herzustellen, die Technik noch weiter zu verbessern, eine immer genauere Pünktlichkeit zu gewährleisten. Wir erwarten Pünktlichkeit von unseren Mitmenschen und sind persönlich gekränkt, wenn jemand, mit dem wir uns verabredet haben, unpünktlich ist. - Pünktlichkeit ist ein Punkt auf der Zeitachse, ist für uns Gegenwart, ist der Moment, an dem wir mit der „Gegenwart" einer anderen Person oder eines Fernzuges rechnen. Wir fixieren die Zeitachse an einem Punkt. Fragen wir uns, ob das hohe Ziel, die bisher beschriebene Pünktlichkeit, wirklich das Ziel ist, das wir anstreben? Sind wir wirklich ganz präsent und (geistes)gegenwärtig, im „hier und jetzt", wenn wir abgehetzt, durch Termine gestreßt, irgendwo pünktlich auf der Matte stehen? Sind wir im Herzen, in der Mitte des Kreuzes, in der Nähe der Liebe? Oder sind wir nicht gerade dann der Liebe so fern wie ein Astronaut der Erde? Ich meine ja!

Die angestrebte Pünktlichkeit, dieses hohe Ziel, scheint doch gerade das nicht zu sein, was wir eigentlich anstreben. Wir zerreißen uns (Streß), werden alt und häßlich (Haß) und entfernen uns von uns selbst und der Liebesfähigkeit. Ist es überhaupt möglich den Höhe-Punkt des Lebens, die Pünktlichkeit, zu erreichen, wenn wir die Uhrenzeit als Hauptmaßstab nehmen (siehe Kapitel 1., Uhrenzeit = quantitative Messung der eigentlich qualitativen Zeit, ein Blöd*sinn*, etwas *Sinn*loses).

Suchen wir nach einer anderen Möglichkeit, den Punkt auf der Zeitachse, die von hinten nach vorn durch uns hindurchgeht, zu treffen! Wir wollen den Raum in uns und um uns herum erschließen. Erst wenn drei Raumebenen sich schneiden, entsteht ein Punkt, ein Ort im Raum, der eindeutig festgelegt ist (Die Schnittlinien der Ebenen schneiden sich in einem Punkt!). Haben wir erst dann den Raum „wirklich" erschlossen? Suchen wir die dritte-Ebene, die die Zeitachse in einem Punkt schneidet! Wir finden sie als die *Frontal*-ebene, die parallel zu Stirn und Brust ist und die die Augen mit dem Herzen verbindet Wir müssen in Zukunft vielleicht unser Leben nicht nur horizontal und vertikal ordnen und strukturieren sondern auch noch frontal. Durch das „dritte Auge" und die Öffnung des Herzens werden wir spirituell sehend, klar und **wirklich pünktlich**. Dann verändert sich die Zeit in der Weise, wie ich es schon wiederholt beschrieben habe (und der Raum verändert sich auch).

(Mehr dazu in Kap. 12)

Kapitel 7

Der Sündenfall - der Fall in die Zeit - die Falle der Menschheit?

Die Wahrheit ist eine ursprungszentrierte Aussage. Sie verlangt von mir bewußte Ursprungsnähe und eine Wachheit und Lebendigkeit (Achtsamkeit), die es mir ermöglicht, meine Aussage, meinen Logos, den ich aussende, im gleichen Moment zu hinterfragen.

Die Wahrheit ist ein Pfeil, den ich aus meinem Innersten aussende und der aus der Unendlichkeit des Kosmos wieder zurückkommt und mich im gleichen Moment in meinem Innersten trifft. Ich befinde mich dann im Zustand der Zeitfreiheit.

Die Lüge ist deshalb so weit verbreitet, weil sich so viele Menschen von ihrem Innersten abgekoppelt haben.

Wir wollen uns in diesem Kapitel mit dem Fallen, der Wirkung der Erdanziehung beschäftigen und diese in eine Beziehung mit der Zeit bringen. Zeit ist bekanntlich etwas sehr Grundlegendes und Tiefliegendes (siehe Einleitung und Kapitel 1) und entzieht sich unserer Erkenntnis. - Um die Zeit besser verstehen zu lernen, müssen wir in tiefe Aspekte unserer Existenz hineinspüren, ganzheitlich denken, weit voneinander entfernte Aspekte miteinander verbinden („gänzlichen"), den Zeitfaden unseres Seins nicht nur weiter

„entwickeln", sondern ihn auch noch „aufdröseln", den Haufen *ungeordneter* Wollfäden (Chaos) wahrnehmen, aus dem der Faden des Lebens gesponnen wird. Dieser mühevolle „Arbeitsgang" steht in Beziehung zu der Intention der Chaosforschung und der physikalischen und biologischen Grundlagenforschung. Die Betrachtung des Spins, die Drehung um die eigenen Achse, hat nicht nur für die Herstellung eines Wollfadens Bedeutung Sie findet auch höchste Beachtung in der Grundlagenforschung der Wissenschaft z.B. beim Spin der Elektronen und Kernbausteine (siehe Stephen Hawkins, Eine kurze Geschichte der Zeit) und in der Astrophysik, z. B. bei der Erdrotation (Tag und Nacht), der Rotation der Erde um die Sonne (Jahreszeiten) und der Form und Drehung der Spiralnebel. Das häufige jeweilige Vorhandensein eines Spins neben einer linearen Bewegung im Großen und Kleinen ist sicherlich kein *Zufall*. Auch nicht die Neuentwicklung eines wirkungsvollen diagnostischen Gerätes, wie dem Kern-*Spin*-Tomographen, der segensreich sein kann, wenn er s*inn*voll eingesetzt wird.

Wenn wir in die Tiefe gehen und versuchen, komplexe innere Zusammenhänge aufzudröseln, kommen wir an der Frage nach dem Sinn nicht vorbei. Auf den etymologischen Zusammenhang von Spin und Sinn habe ich bereits im Kapitel 5 hingewiesen.

Kommen wir zum „Fallen" zurück. Mit der Betrachtung des Sündenfalls, der Vertreibung der
Menschen aus dem Paradies, sind wir sicherlich
an einer tiefliegenden Schicht angelangt. Z. B.
Genesis, Bibel.[16]. W. Thompson verbindet den
Sündenfall in seinem Buch < Fall in die Zeit >
mit der Entstehung der Zeit, Wilhelm Reich be-
spricht ein grundlegendes menschliches Charak-
terproblem, vielleicht das Grundlegendste überhaupt in seinem Buch < Christusmord > und sieht
dieses Problem als Falle, in der sich die Menschheit befindet. Die Falle leitet sich vom Fallen,
genaugenommen von der Falltür ab. Mit dieser
wurde meist nur durch die Schwerkraft ein Käfig,
Gefängnis, Verlies schlagartig verschlossen; also
auch hier der begriffliche Rückgriff auf das Fallen.

Das Fallen ist für den Menschen etwas sehr Be-
deutungsvolles. Der Mensch hat sich vom Vierbeiner zum Zweibeiner entwickelt. Wenn er sich
natürlich d. h. katzenhaft geschmeidig aufrichtet,
macht er dies in einer *Spiralbewegung*. (Moshe
Feldenkrais, in „Bewußtheit durch Bewegung").

---

[16] Beachte den gleichen etymologischen Stamm von Genesis und Gen

Der Wollfaden läuft in Achten, spiralförmig um die Spindel. In den Achten können wir auch Lemniskaten[17] sehen. Das Yin-Yang Symbol enthält auch diese Acht bzw. die Spirale. Mit der *Aufrichtung, (die langsame Gegenbewegung zum Fallen)* ist die besondere Entwicklung des menschlichen Gehirns, das Freiwerden der Hände und das Freiwerden des Kopfes verbunden. Die aufrechte Körperhaltung ist *abhängig* von einem ständigen Balanceakt, der unbewußt geleistet wird. Schon bei kurzfristigem Bewußtseinsverlust fällt der Mensch hin, er stürzt und läuft Gefahr, sich zu verletzen. Die Kraft, die ihn zu Boden zieht, ist bekanntlich die *Schwerkraft, die Anziehungskraft der Erde.* - Wenn wir Erwachsen werden wollen, *müssen* wir uns aufrichten, vom Krabbelkind zum Zweibeiner.

Nach dem Kreisen um das Fallen nun zu dem Begriff der Sünde. Sünde ist ein alter Begriff für Wunde, Spaltung, Schuld. Den heutigen moralischen, fast grundsätzlich negativen Beigeschmack hat der Begriff Sünde erst durch das Christentum bekommen. Die Wasserrinne, die Dänemark von Schweden trennt ist der Sund, die Sünde, die Spalte zwischen beiden Ländern. Sie ist schon viel älter als das Christentum.

---

[17] Lemniskate, eine liegende Acht, ∞, das Zeichen für Unendlichkeit und Kosmos

Im Paradies waren die Menschen frei von Sünde und Schuld, da sie nicht innerlich gespalten sondern eins mit der Natur und den Tieren waren. (...und tranken mit den Tieren aus einer Quelle...) Im Paradies ist dieses Einssein ein andauernder Zustand, in den beiden Berichten, in Kapitel 4 nur vorübergehend und dennoch auch heute jederzeit und für jeden prinzipiell erfahrbar. - Die verbotene Frucht vom Baum der Erkenntnis, der Apfel führt zur Vertreibung aus dem Paradies, führt in die Sünde, in die Spaltung. Der Mensch verliert seine Unschuld, seine Einheit, sein unbewußtes Einssein mit der Natur. Er wird „schuldig", beginnt zwischen Körper und Geist zu trennen und empfindet Körper und Geist auch als getrennt und er entfremdet sich damit seiner selbst immer mehr. Wenn es ihm gelingt, seine Spaltung in Teilbereichen rückgängig zu machen, z.B. durch Bewußtwerdung in Meditation oder Gebet, nähert er sich wieder dem Ursprung, dem Urzustand, dem Eingang zum Paradies, nun aber bewußt. Warum aber die Verbindung der Sünde mit dem *Fallen*? Ich meine, die *Aufrichtung* des Menschen ist entscheidend für seine Fähigkeit, Bewußtheit zu erlangen. Er kommt so an den hoch am Baum *hängenden* Apfel der Erkenntnis heran, wird dabei aber selbst *abhängig*. Die Aufrichtung erkauft der Mensch sich mit einer größeren Abhängigkeit, der Neigung leichter zu fallen als ein vierbeiniges Tier. - Die Kette der Wirbelsäule, die Längsachse des Tieres wird beim Menschen zur senkrechten Verbindung von Vater- Geist - Himmel zu Materie - Mutter - Erde. Der Mensch steht nur im labilen Gleichgewicht, immer bedroht umzufallen.

Wir fallen auch in den Schlaf, wir fallen in die Liebe (engl. to fall in love), zwei wichtige und positive, wahrscheinlich auch gleichermaßen lebensnotwendige Zustände. Durch unsere freche Aufrichtung und dem Griff nach dem Apfel der Erkenntnis, dem Griff nach den Sternen(?) handeln wir uns einen Nachteil ein. *Wir fallen in die Sünde*, in die Spaltung, in eine andere Form von Abhängigkeit und Unsicherheit. Wir haben die Möglichkeit zu „ständigem" Wiederaufrichten[18], zu Erwachsenwerden (größer und bewußt werden), um die innere Spaltung zu *überwinden*. Können wir je wieder zurück ins Paradies, dem Himmel auf Erden? Ich meine, wir müssen sogar zurück ins Paradies, wenn wir als menschliche Rasse nicht untergehen wollen. Der Kreislauf des „großen Lebens" hat für uns das Paradies, den Himmel auf Erden, eine besondere „Zwischenstation" vorgesehen. Wir sind angepaßt für das Leben in einem winzigen kosmischen Spalt, der

---

[18] ständig von Stand, stehend; ständiges Wiederaufrichten = weißer Schimmel? Aber ganzheitlich eineindeutig!

Oberfläche der Erde, auch wenn es uns gelingt, in Raumanzügen diesen kosmischen Spalt kurzzeitig und auf kleinste kosmische Entfernung zu verlassen.

Der Apfel vom Baum der Erkenntnis führt in die Zivilisation. Wir „erkaufen" die Abhängigkeit von den Naturgewalten unserer Mutter Erde mit einer neuen Abhängigkeit von Vater Himmel, der Zivilisation, in Form von Wissenschaft, Technik und Hybris. Der riesige Anteil der Versicherungsbranche an unserem Staatsvermögen (Lebens-, Kranken- und Sachversicherungen) zeigt allzu deutlich, wie sehr wir Versicherungen brauchen und wie unsicher wir geworden sind.

Wenn wir sowohl zu Mutter Erde als auch zu Vater Zivilisation/ Himmel eine ausbalancierte Verbindung haben, wenn wir uns unseres eigentlichen Lebensspaltes zwischen Himmel und Erde bewußt werden, wenn wir trotz Zivilisation noch gut mit Mutter Erde/ Natur verbunden sind, *wird es gut um uns stehen.* - Wenn aber nicht, wenn unser Boden-Natur-Kontakt nicht gut ist, wenn wir zu sehr im Kopf sind, z. B. ständig vor einem Computer sitzen, „darauf abfahren", haben wir zuviel Kontakt mit dem Himmel und der Zivilisation. Wir *hängen* quasi am Himmel und werden zunehmend abhängiger. -

Bleiben wir in diesem Bild und wagen wir einen Seitenblick auf das Drogenproblem. Ich empfinde den Benutzer einer harten Droge wie jemand, der sich ein schweres Motorrad geliehen hat, um an Christi Himmelfahrt (zurück ins Paradies) teilzunehmen und glaubt, auf den Erwerb von Führerschein und Fahrtüchtigkeit verzichten zu können. (Bewußtsein)

Erst das Erkennen unserer Abhängigkeit von Natur und Zivilisation und die daraus entstehende Wahrnehmung einer neuen Balance macht uns bewußt und irgendwann vielleicht auch wirklich frei.

Der Weg zu dem Wesen der Zeit berührt die ewigen Fragen des Seins und der Wahrheit, denen wir uns immer nur aus der Sicht unserer Zeit, unserer augenblicklichen geistigen Fähigkeiten nähern können. Unsere heutige Zeit ist geprägt durch den Übergang zweier grundverschiedener Weltbilder, dem „Newton´schen" zu dem „Einstein-Max-Planck'schen". Die neue Währung (von wahr-Wahrheit), die Währung der Zukunft, wird sicherlich nicht unsere heutige Währung, das Geld sein.

Wenn Banken und Versicherungen ihren heutigen Wohlstand (s. Kapitel 1)auch in der Zukunft halten wollen, müssen sie sich demnächst auf die neue Weltwährung umstellen und anfangen, sie an ihren Schaltern zu verkaufen. Ich glaube, die heute noch vorherrschende Wahrheit des Newton'schen Weltbildes, das Geld, wird von einer neuen Währung, die näher an der Wahrheit ist, abgelöst werden. Es wird die Währung des Einstein-Max-Planck'schen Weltbildes sein und wird Erkenntnis/Bewußtheit heißen. Auch der Versuch des „Plastikgeldes", uns von der *Schein*heiligkeit unserer Geld*schein*wirtschaft abzulenken(?), wird den Wandlungsprozeß nicht aufhalten können. Die neue Wahrheit/Währung ist der Wahrheit des Lichtes schon deutlich näher und weniger Abglanz und *Schein*. Hoffen wir, daß wir für den Weg aus der *Scheinheilig*keit in eine *heilere Welt* nicht zu lange brauchen!

Wir haben in diesem Kapitel erneut Zeit und Geist umkreist und dabei mit dem Aspekt des Fallens die grundlegendste Kraft des Universums, die Schwerkraft einbezogen. Das Urbild aus der Bibel, die Vertreibung von Adam und Eva aus dem Paradies, kam uns wegen seiner Ursprünglichkeit gerade recht. Wir haben erneut auch aus dieser Betrachtungsweise unsere eigene Naturentfremdung, unsere innere Spaltung in Materie und Geist als grundlegendes Problem orten können.

In der Einheit des Paradieses lebten die Menschen zeitfrei, in unmittelbarer Gegenwart, im Hier und Jetzt, aber unbewußt naiv, wie die Kinder.

Die Notwendigkeit, erwachsen zu werden, bedingt ein sich Aufrichten gegen die Schwerkraft (Nach der Bibel hat Eva sich als erste langgemacht und dem wohl noch etwas toffligen Adam den Apfel gereicht, nachdem sie zuerst reingebissen hatte) - Die Aufrichtung, das Recken gen Himmel ist offensichtlich eine Notwendigkeit und führt zwangsläufig in die Sünde, die innere Spaltung. So ist auch das Fallen in die Zeit, das Wahrnehmen von Zeit und die Abhängigkeit von der Zeit ein notwendiger Prozeß, verbunden mit Leben und Tod und letztendlich genau so zum Leben gehörend wie das Fallen in den Schlaf und das Fallen in die Liebe.

Die bisherigen Betrachtungen habe ich meistens in Richtung Zeitfreiheit, in Richtung Schrumpfen der Zeit zur reinen Gegenwart hin, vorgenommen. Hier haben wir aus der Einheit des naiven paradiesischen Menschen in Richtung Spaltung geblickt und „Zeitentstehung" betrachtet. - Wir kennen Berichte, in denen sich zwei Liebende im Angesicht des Todes oder einer wahrscheinlichen endgültigen Trennung (z. B. der Mann wird im Krieg zu einem Himmelfahrtskommando verpflichtet.) total seelisch geöffnet haben. Für den Überlebenden war dann das vielleicht letzte

Überlebenden war dann das vielleicht letzte gemeinsam erlebte Wochenende so intensiv und tief berührend, daß er glaubhaft den Rest seines weiteren Lebens dafür eingetauscht hätte.

Es wird hier versucht, eine Zeit*spanne*, eine lange Lebensstrecke gegen eine vergleichbar kurze Zeit zu tauschen. Dabei wird nicht Gleiches mit Gleichem bezahlt, sonst wäre der Tausch unsinnig. Der Weiterlebende tauscht wirklich erlebte Zeit, nämlich *hochqualitative* wertvolle, lebendige Geisterfahrung in billige quantitative wertlose Zeiterfahrung (Uhrenzeit). Die Bewußtwerdung dieses Zusammenhanges kann evtl. als sehr unangenehm empfunden werden.

Kapitel 8

Die psychische Konkretisierung des Einstein-Max-Planck'schen Weltbildes, die Wahrnehmung der Archetypen, das kollektive Unbewußte.

> Zeit ist die Darstellung des Geistigen für die heute noch vorherrschende mentale Bewußtseinsstufe.
>
> Die konkrete Wahrnehmung des Geistigen, z.B. Aura sehen und spüren, entspricht der zukünftigen supramentalen Bewußtseinsstufe.

Wir wollen in diesem Kapitel spirituelle Wahrnehmung in verschiedenen Formen konkretisieren, um dadurch noch näher an das Wesen der Zeit / Geist Beziehung zu gelangen. Dabei wollen wir machtvolle spirituelle Erscheinungen weder aus der *kindlich-gläubigen-religiösen Warte* betrachten, noch von der *Warte des vernunftbegabten Pseudoerwachsenen unter dämonisch-teuflisch-triebbetontem Aspekt.* Beide Standpunkte spalten uns und entfernen uns von unserer integrierenden Mitte. - Ich nehme die spirituellen Erscheinungen aus meiner ganzheitlich orientierten, supramentalen Ebene wahr.

Wenn wir, wie ich annehme, ganz tief in uns allen die Sehnsucht nach einer polaren, erotischen und harmonischen zwischenmenschlichen Beziehung haben, müssen wir diese beiden oben genannten

Extreme spiritueller Wahrnehmung *integrierend vereinigen*[19]. Dann entsteht in uns Neues, ein spiritueller Zugang in dem neuen Paradigma, dem Einstein-Max Planck'schen Weltbild. (s. Capra, „Das Neue Denken") Mit anderen Worten: Das oben genannte, vermutlich uneingeschränkt anerkannte ferne Ziel des menschlichen Zusammenlebens (erotische Liebe) kann weder ein Leben in Kloster und Zölibat oder sonstwie abgehobener geistiger Himmelsnähe sein, noch unserer heutigen überwiegenden Lebensform, getragen von übertriebenem Materialismus, Macht und „institutionalisierter Prostitution" entsprechen. Wenn wir die beiden hier angesprochenen polaren Lebensformen verschiedenen Regionen unseres menschlichen Körpers zuordnen, entspricht Kloster und Zölibat unserem Gehirn; Materialismus, Macht und „institutionalisierte Prostitution" unserem Unterkörper, insbesondere dem Gesäß.

Bleiben wir noch etwas bei der Vereinigung, besser „Gänzlichung" scheinbar unüberbrückbarer Zustände. Spüren wir in Richtung auf den verbindenden Ursprung hin.

Vergessen wir nicht, daß wahrscheinlich alle sportlichen Höchstleistungen, besonders wenn sie

---

[19] man beachte die nebeneinanderstehende, letztendlich gleiche Aussage (weißer Schimmel). Sie ergibt sich aus dem Ringen um eine Aussage über Einheit. Der Mathematiker hat es einfacher, er spricht von Eineindeutigkeit

viel Leichtigkeit erfordern und mit Anmut gepaart sind wie z. B. Bodenturnen, Turmspringen, Trapezturnen, ihren Bewegungs- und Kraftursprung nicht wie gemeinhin angenommen im Becken sondern in der Körpermitte haben. Wenn wir noch nicht innerlich abgestorben sind, empfinden wir die Schönheit und Bewegungsharmonie von wildlebenden Tieren oder sind fasziniert von der naiv - erotischen Ausstrahlung eines jungen Mädchens. Es ist die Harmonie und Integration der Gegensätze, die uns anzieht.

Wollen wir das Geheimnis der Zeit ergründen, müssen wir uns dieser Einheit, der „Mitte", der Harmonie, der Integration von Materie und Geist nähern Dabei nähern wir uns ebenfalls dem Umschlagspunkt von Zeitabhängigkeit (linearer Zeit, Uhrenzeit) in Geistwahrnehmung (rhythmischer Zeit). Wir wollen in diesem Kapitel „spezifische" spirituelle Strukturen betrachten, um uns einmal mehr der Wahrnehmung von Einheit und Einssein sowie dem Umschlagspunkt von Zeit in Geist zu nähern.

CG Jung hat in seinen Schriften den Begriff des Archetypen und des kollektiven Unbewußten eingeführt. Jean Gebser hat diese Strukturen der integralen, zukünftigen Bewußtseinstruktur zugeordnet, deren wissenschaftliche Grundlage das Einstein-Max-Planck'sche Weltbild ist. -

C.G. Jung wies darauf hin, daß es in unserem Erbgut Grundstrukturen, Grundeigenschaften und essentielle Verhaltensmuster in Form geistiger Bilder gibt, die der Menschheit als Ganzes zugehörig sind und nicht durch Vererbung und Kultur erklärbar sind. Sie reichen offensichtlich in die Urzeit unsere Entstehung zurück, ähnlich wie unsere Körpersprache oder die Sprache unserer Träume. Wir wissen heute, daß Märchen und Mythen und die darin auftretenden Gestalten und Symbole bei Völkern in den entlegendsten Teilen unserer Erde sehr ähnlich, fast gleich sind, auch wenn diese Völker nachweislich nie die Gelegenheit hatten, miteinander in Kontakt und Austausch zu treten. Auch heute erscheinen vielen Menschen in Träumen, Visionen und Halluzinationen Bilder und Symbole, deren Bedeutung und Herkunft ihnen absolut unbekannt ist. Man kann aufgrund ihrer Bildung und Herkunft sicher sein, daß die Personen nie in ihrem Leben Kontakt mit den geschilderten Wahrnehmungen hatten. So kann ein einfaches europäisches Bauernkind, daß nie sein Heimatdorf verlassen hat, von einem altägyptischen Symbol träumen oder die Vision von einer indischen Gottheit haben.

Nimmt ein Mensch entsprechende Symbole und Bilder wahr, hat er Kontakt zu der Ebene des

Kollektiven Unbewußten. - Dieser Kontakt mit Archetyp und kollektivem Unbewußtem in Traum oder Vision kann segensreich und für die Entwicklung einer Person sehr förderlich sein, oder seine Psyche gefährden. Wie wir aus Berichten im Zusammenhang mit unkontrollierter LSD Einnahme wissen, konnten Personen manchmal Wahrnehmungen nicht verkraften und mußten den Rest ihres Lebens in einer Psychiatrischen Klinik zubringen.

Die Ebene des Archetypus und kollektiven Unbewußten ist tiefliegend und ursprungsnah, und deshalb ernergiereich und kraftvoll. Für mich vergleichbar mit der Ebene der Atomkerne und ihrer gewaltigen Kräfte oder der Ebene der Gene mit ihren unüberschaubaren Auswirkungen für das Leben. Ob unser Zugang zu diesen Kräften zum Wohl der Menschheit gereichen wird oder zu ihrem Untergang, hängt davon ab, ob die Verantwortlichen auch ganzheitlich der Bewußtseinsebene angehören, die diesen wissenschaftlichen Betätigungsfeldern entspricht. Oder anders ausgedrückt, ob wir wirklich schon reif genug sind, mit diesen Kräften verantwortungsvoll umzugehen.

Ich möchte im Folgenden an Hand zweier spezieller spiritueller archetypischer Erlebnisse einen bewußten Umgang mit Geisterfahrung vermitteln und dabei auch hier versuchen, den Kontakt zum Alltäglichen nicht zu verlieren. Wie bereits erwähnt, werden spirituelle Erlebnisse wegen ihrer Nähe zu Halluzinationen und Wahnvorstellungen nur äußerst selten mit anderen Menschen geteilt. Die Angst, selbst von einem vertrauten Menschen für verrückt erklärt zu werden, ist offenbar weit verbreitet und nicht unbegründet. Dabei liegt die Vermutung nahe, daß gerade durch den kulturell bedingten Verdrängungsprozeß aller wissenschaftlich nicht erfaßbarer Aspekte, „geistige Bedürfnisse" sich um so nachdrücklicher zu Worte melden. Der anhaltende und ständig zunehmende Boom in der „Psychoszene" könnte diesbezüglich als Bestätigung aufgefaßt werden. - Darüberhinaus werde ich bei der Besprechung des Archetypus-Erlebnis auf die heilende Kraft dieser Strukturen hinweisen, da ich diesen Faktor für unser Thema „Zeit" für besonders wichtig halte. Die Zeit heil Wunden! Warum? (C.G. Jung hat, soweit mir bekannt, auf diesen Aspekt nicht hingewiesen)

Sven, ein etwa 45-jähriger Mann, berichtet:
<< Eine intensive Transformationserfahrung lag bei mir etwa 2 Jahre zurück. Ich nahm an einer psychotherapeutischen

Gruppensitzung teil. In der Gruppe gab es eine etwa gleichaltrige Frau, mit der ich einen freundschaftlichen Umgang hatte. Es kam aber nie zu einem näheren Kontakt, da die Frau für mich etwas ausstrahlte, das mich zu einer gewissen Distanz veranlaßte. Ich wußte nicht, was es war, ich hatte nur eine Ahnung, daß es mit meiner eigenen Mutter zusammenhing. An diesem Thema wollte ich mit ihr "arbeiten". Die Frau stellte sich bereitwillig zur Verfügung. Der Therapeut ließ uns gegenübersitzen und Blickkontakt aufnehmen. - Je länger und intensiver ich die Frau ansah, um so mehr verschwammen ihre normalen Gesichtszüge. Ich spürte die Spannung und Dichte, die sich zwischen uns aufbaute. Auf einmal verschwand das normale Gesicht vollständig und ich sah den Kopf eines furchterregenden Tieres, ein riesiges Maul mit Hauern, ähnlich einer Hyäne, die die Zähne fletscht, mit übergroßen Nasenlöchern und dunklen Augen in tiefen Augenhöhlen. Ich schrak zurück, gleichzeitig wußte ich, dies muß die „Kali"[20] sein, ich hatte irgendwann davon gelesen, eine Abbildung nie gesehen. Ich hatte das Gefühl, schon genug gesehen zu haben und war irgendwie erleichtert als das Bild wieder verschwand. Der Therapeut bemerkte offenbar mein inneres und äußeres

---

[20] Indische, hinduistische Gottheit, verschlingender, „destruktives" Teil der großen Mutter

Zurückweichen. Er ermahnte die Gruppe, sich ganz auf das Geschehen zu konzentrieren und ermunterte mich, in dem er mir zurief „Bleib dran, bleib dran!" Ich spürte die Kraft und Sicherheit, die mir durch Therapeut und Gruppe zuflog. Es war als ob ich mit feinen Seidenfäden von ihnen gehalten wurde. Ich begann mich erneut zu konzentrieren. Die „Kali" wurde dieses Mal deutlich klarer. Ich merkte, wie ich eine ganze Weile betroffen, doch irgendwie auch etwas neugierig der Erscheinung standhalten konnte. Ich hatte kein Gefühl wieviel Zeit vergangen war. Der Therapeut fordert mich schließlich auf zu schildern, was ich sehen würde und ich schilderte der Gruppe meine Wahrnehmung, während ich weiter „dran" blieb. – Jemand aus der Gruppe erzählte mir später, daß meine Gesichtszüge sich verändert hätten und sich in Richtung der beschriebenen „Kali" verwandelten. Ein anderer berichtete mir, daß ich mich gegen Ende des Prozesses, zunehmend tiefer verneigt hätte, bis mein Gesicht den Boden berührt hätte. Instinktiv war mir klar, daß diese Wahrnehmung zu einem sehr tiefliegenden und wesentlichen Teil meiner Mutterbeziehung gehörte. Die Erkenntnis, daß ich mit diesem Erlebnis einen Einblick zu einem sehr tiefen Aspekt unseres Seins bekommen hatte, wuchs erst mit den Jahren. – Die Fähigkeit die „Kali" zu spüren und zu sehen blieb bestehen. In späteren Jahren erlebte ich einige Male in inten-

siven Begegnungen mit Frauen den unmit-
telbaren Wechsel von der „Kali" zu dem
Antlitz einer wunderschönen erotischen
Frau dem „positiven" Aspekt der „Großen
Mutter"»

Ein Bericht wie dieser dürfte für viele, die ausschließlich an ihr rationales-mentales Weltbild
gebunden sind, befremdend, wenn nicht sogar
beängstigend sein, besonders für Männer. Deshalb ist es mir wichtig, auf den unmittelbaren
Bezug, die unmittelbare Nähe zu unserer gewöhn-
lichen Realität hinzuweisen. - Das hier wiedergegebene Geschehen ist frei von Beklemmung und
Angst, wie wir es bei Halluzination und Wahnvorstellungen kennen. Der Erzähler erlebt bewußt
die einzelnen Schritte eines Prozesses. Es hat
intensiven Spürkontakt zum Therapeuten und der
Gruppe und nimmt *gleichzeitig* auf der spirituellen Ebene wahr, intensiv und detailliert, er ist
offensichtlich sogar in der Lage, das Geschaute
gleichzeitig „ein Stück weit" einzuordnen. Ich
gehe davon aus, daß sich der Klient in einem me-
ditativen Zustand auf erhöhtem Energieniveau
befinden muß, ähnlich wie ein Medium, um eine
entsprechende Transparenz und Klarheit aufrecht
halten zu können. Er kann *gleichzeitig* der Gruppe Mitteilung machen und sich auf den spirituellen Prozeß konzentrieren. Er verliert offenbar
auch hier vorübergehend das Zeitgefühl, *ist*

*gleichzeitig **präsent** im inneren und äußeren Geschehen*, er ist vorübergehend einem „Einheitszustand" näher als ein heutiger Durchschnittsbürger.

Ich versuche eine Deutung des Wahrgenommenen: Der Klient befindet sich auf einem erhöhten Energieniveau und in einem erweiterten Bewußtseinszustand mit erhöhter innerer Klarheit und Wahrnehmungsfähigkeit. Es kommt zu einer „Verschmelzung" der linearen Zeitabhängigkeit mit der Geistwahrnehmung. Dies könnte ein Zustand sein, in dem wir das naturwissenschaftliche Paradox des Lichtes, die Gleichzeitigkeit von Korpuskel und Welle in seiner Einheit auch innerlich erfahren (?).

Je höher unser Energieniveau bei entsprechender Durchlässigkeit, d. h. Öffnung für spirituelle Wahrnehmung, um so mehr vereinigen sich normale Zeiterfahrung und Geistwahrnehmung zu einem Zustand zeitfreier Präsenz, wir nähern uns einem bewußten Zustand, der als reines Sein beschrieben wird.[21]

---

[21] Man beachte in unserem Bericht den unüblichen Umgang mit dem Göttlichen, der Kali. Normalerweise verneigen wir uns ritualisiert und bewußt z. B. in einer Kirche oder einem Tempel verbunden mit heiliger kindlicher Scheu; hier die unbewußt, unwillkürliche tiefe Verneigung voller Demut, jedoch wachen Auges und Geistes, nicht ohne Neugier und dem Wunsch nach Erkenntnis.

Wir kommen zu einem zweiten Bericht, den ich wegen seines „Bilderbuchcharakters" zur Verdeutlichung unserer Problematik ausgewählt habe. Er beleuchtet die Nähe von Spaltung und Einheit in archetypischen Erscheinungen. Wir ahnen unsere Beziehung zum Archetypus und kollektiven Unbewußten und erweitern damit unseren Zugang zum neuen Paradigma, dem Einstein-Max-Planck'schen Weltbild. Wir müssen uns wohl Schritt für Schritt in diese zukünftige Welt hineinwagen bis eines Tages unser Wandlungsprozeß (Transformationsprozeß) so weit fortgeschritten ist, daß wir unsere eigentliche Heimat in diesem neuen Paradigma sehen und das Newton'sche Weltbild nur noch als Teilaspekt eines größeren Erlebens, einer wirklicheren Wirklichkeit erleben, weil sie uns hilft, die wirkenden Prozesse des Lebens in einer erweiterten Form wahrzunehmen.

Hans, ein 55 jähriger Mann, berichtet:[22]

«Es war auf einem Workshop, der Transformation und tantrische Erfahrung zum Ziel hatte. Ein männlicher und ein weiblicher Teilnehmer sollten sich nacheinander zu meditativer Musik nach anfänglicher sprachlicher Einführung (geführte Meditation) in Herz-Bauch-(Sonnengeflecht)und Genitalbereich berühren, be-

---

[22] Die Namen sind vom Verfasser geändert

ginnend mit dem Herzen. Nachdem ich mich eingestimmt hatte und fallen lassen konnte, sah ich mich auf einem Wikingerboot in mondloser dunkler Nacht auf hoher See. Ich stand in der Mitte des Bootes, die eine Hand am Mast, die andere auf mein Schwert gestützt und blickte nach vorn über den Drachenkopf am Bug hinweg in die Dunkelheit. Ich wußte irgendwie, daß mein Ziel eine Insel, vielleicht Island wäre. Die Fahrt ging nicht voran, in mir entstand Hoffnungslosigkeit. Meine Partnerin versuchte, ihre etwas verkrampfte Sitzposition neben mir ein wenig zu ändern und stieß dabei mit einer Ellenbogenspitze etwas in meine Bauchdecke. Ich fühlte einen leichten Zorn in mir aufsteigen wegen ihrer Ungeschicklichkeit. Da nahm das Drachenboot Fahrt auf, es ging geschwind voran, ich spürte, wie ich immer mehr Eins mit dem Boot wurde, mein Penis verschmolz mit dem Drachenkopf am Bug des Bootes. Ich fuhr auf eine Insel mit einer Burg zu. Das Boot landete zielsicher in einem genau passenden, U-förmigen Hafen. Ich sprang behende aus dem Boot und eilte die Stufen zur Burg hinauf. Dabei nahm ich mein Schwert in beide Hände und hielt es über meinen Kopf (ich machte diese Bewegung wirklich) und schrie laut (auch in Wirklichkeit) „Nein, Nein!" Oben angekommen stand ich vor einer Frau, die mir wie die böse Stiefmutter von Schneewittchen erschien und für mich Aspekte meiner augenblicklichen Partne-

rin, meiner Ehefrau und meiner Großmut-
ter hatte. Ich bäumte mich schließlich
maximal auf und bog mich nach hinten in
eine maximale Streckung und Spannung.
Dabei stieß ich ein einziges gewaltiges
„Ja" aus (auch wirklich)und spaltete die
herrische Königin mit dem Schwert. Danach verschwand die visuelle Wahrnehmung
und ich fühlte tiefsten Frieden, wie
vielleicht noch nie in meinem Leben.

Ich spürte mein Herz wie eine große,
leicht brennende Wunde. Meine Partnerin
wollte sich an meine Brust kuscheln. Ich
wehrte sie bestimmt ab und blickte in
ein tiefbetrübtes, altes Frauengesicht.
Je länger ich sie anblickte, um so mehr
verwandelte sich ihr Gesicht in das einer steinalten häßlichen Hexe, so alt
und tieffaltig und häßlich, wie ich noch
nie ein Gesicht gesehen hatte. Je älter
und häßlicher das Gesicht wurde, um so
deutlicher berührten mich ihre dunklen
Augen. Die Augen wurden zu einem einzi-
gen Flehen: „hab mich lieb!" Irgendwann
bewegte ich meine Hände, die ich Schüt-
zend über mein Herz gelegt hatte und
nahm die alte Frau und gleichzeitig meine Partnerin in die Arme und weinte. Das
Bild der alten Frau verschwand langsam
und ich sah auf Kopf und Vorderteil einer Ameise, ganz dicht vor mir, und doch
weit weg, irgendwie erhaben und still
und wiederum wach und lebendig. - Auch
wenn das gesamte Erlebnis mich lange

betroffen machte und berührte, war es doch die Ameise, die mir manchmal auch wie eine Gottesanbeterin vorgekommen war, die mich am intensivsten beschäftigte und am tiefsten beeindruckt hatte.»

Wir haben im vorigen Kapitel erfahren, wie die Spaltung des Urmenschen, der Fall in die Sünde zum Fall in die Zeit und zur Entstehung von Zeit geführt hat. Der Verlust des zeitfreien paradiesischen Urzustandes, auch als Ozeanischer Gefühlszustand bekannt, war der Preis für die Erlangung von Erkenntnis. - Je höher wir uns recken, aufrichten, je mehr wir uns in die Spaltung begeben, um Erkenntnis zu erlangen (Apfel), um so mehr nähern wir uns auch geistigen Strukturen (wir recken uns gen *Himmel*). Mit der Wahrnehmung eines archetypischen Bildes, mit dem Zugang zum kollektiven Unbewußten nähern wir uns dabei einer machtvollen geistigen Struktur, die offenbar geeignet ist, unsere entstandene innere Wunde (Sünde) zu heilen.

Zu allen Zeiten gab es Schilderungen, in denen die Wahrnehmung geistiger Inhalte wie Licht, Energie, Engel oder Visionen den Lebensweg vieler Menschen grundlegend verändert haben und zu Glück, Frieden und Heilung geführt haben, wobei in früheren Zeiten normalerweise die Ebene der Gläubigkeit, des Glaubens, Grundlage eines neuen Lebens wurde. Durch das neue Paradigma nähert sich die Menschheit wohl erstmalig bewußtseinsmäßig geistigen Strukturen, die früher nur unbewußt im religiösen und magischen Bereich erfahrbar waren. Sie entsprechen auf der psychischen Ebene dem kollektiven Unbewußten und dem Archetypus. - Es scheint, als ob unser menschlicher Mut zur Erkenntnis belohnt wird mit einer *heilenden geistigen Struktur*. Dabei ist es wie mit jeder Medizin. In der falschen Dosierung und zum falschen Zeitpunkt kann sie sich auch negativ auswirken. (s. Kap. 8, LSD) Die heilende Kraft des Archetypus sehe ich in seiner symbolhaften Einheit, die Einheit in anderen seelischen Strukturen *vermittelt*. Bei Symbolen wie dem Christlichen Kreuz und im negativen Sinne dem Hakenkreuz sind uns gewaltige Kraftentfaltungen durch Idee und Symbol bekannt.

Offenbar ist es notwendig, daß der Mensch vorher einer Läuterung bedarf, ehe er die starke Medizin der archetypischen Kräfte verarbeiten kann. So eine Läuterung könnte ein Prozeß sein, der in Psychologie und Psychotherapie bekannt ist und als eine Auseinandersetzung mit dem Innern, d.h. mit dem Unbewußten als „Nachtmeerfahrt" beschrieben wird. Solche „Nachtmeerfahrten", in der Bibel die Geschichte von Jonas mit dem Walfisch, sind in vielen Kulturen und Mythen überliefert. In dem zuletzt wiedergegebenen Bericht geht eine Nachtmeerfahrt in „Bilderbuchform" einem archetypischen Erlebnis voran. Sie ist gleichbedeutend mit einer Hinwendung zum Unbewußten und damit auch zu geistigen Strukturen.

Was hat es mit dem „Einheitsaspekt der Archetypischen Wahrnehmung" auf sich? - Ich meine, die steinalte, extrem häßliche Frau mit den um Liebe flehenden, ergriffen machenden Augen symbolisiert die Gegensätzlichkeit von Liebe und Haß (Häßlichkeit kommt von Haß). - Die Überwindung des größten Hasses, der erschreckenden Häßlichkeit durch die stärkere Kraft der Liebe führt in unserem Bericht zu einem noch „höheren" Archetypus. Die Erfahrung von tiefer Liebe und Haß entspricht sicherlich schon einer sehr tiefen Struktur unseres menschlichen Seins. Was könnte es noch „Tieferes" geben? Ich vermute, die Ameise symbolisiert unsere tiefen triebhaften und instinkthaften Strukturen. Mit der Ameise verbinden wir beängstigendes Kribbeln und Wuseln, und vielleicht auch schmelzende tiefe Gefühle(?), sowie straffste Ordnung und Organisation. Das wissenschaftliche Interesse an der Ameise in den letzten Jahren ist sicherlich kein Zufall. Die Ameisen werden zusammen mit den Ratten als Erhalter irdischen Lebens nach der Zerstörung der irdischen Lebensbedingungen durch den

Menschen gehandelt. Ich glaube, unser spezielles Interesse an der Ameise gründet auch auf der Erforschung tiefster Trieb- und Instinktstrukturen, unseres vegetativen Nervensystems (Sympathikus, Parasympathikus) und unserer autonomen vegetativen Zentren ("Darmgehirn"). Dies sind alles Aspekte unserer archaischen Grundstruktur, die auch unser Zeitproblem berühren.

Die Wahrnehmung des Energieflusses in unserem Körper ist mit Kribbeln, Wuseln und schmelzenden Gefühlen verbunden. Wir können sie nur begrenzt kontrollieren. Wenn wir es versuchen, werden wir leicht unnatürlich und verkrampft. Bewusstwerden- und Zulassenkönnen unserer tiefen Instinkt- und Triebstrukturen in Gelassenheit macht uns erst wirklich frei.

Ich sehe unsere autonomen und vegetativen Zentren in Korrelation zu den psychischen Strukturen in Form archetypischer Bilder und dem kollektiven Unbewußten und zu den neuen physikalischen-Strukturen des Einstein-Max Planck'schen Weltbildes. Der Archetypus Ameise symbolisiert für mich den mir bekannten tiefsten Gegensatz unserer Existenz, den von Chaos und Ordnung.

Kapitel 9

Die Überwindung von innerer Spaltung und Diktatur der Uhrenzeit; die neue Einheit in der Gleichzeitigkeit. - Resonanz nach Innen und Außen.
Wie wir statt altern „jüngern".

> Indem wir uns aktiv um Bewußtsein bemühen, altern wir nicht durch diese Arbeit, sondern wir „jüngern".

In den vorangehenden Kapiteln haben wir die Zeit allgemein als Geistträger angesehen. Dabei verzichteten wir auf die jeweilige Unterscheidung zwischen der Uhrenzeit als quantitatives Maß und der qualitativ- rhythmisch veränderlichen Zeit. Ich habe darauf hingewiesen (s. Kap. 1), daß der quantitative Umgang mit der Zeit die Grundursache für viele Mißstände in unserer Zivilisation sein dürfte. Es ist die Uhrenzeit, die uns beherrscht, deren Sklave wir sind. Die Fragwürdigkeit, etwas Qualitatives quantitativ angehen zu wollen, müssen wir heute mit Sklaverei bezahlen.

Die meisten Überlegungen und Betrachtungen in Verbindung mit Spüren und Wahrnehmen bezogen sich deshalb auf den qualitativen rhythmischen Aspekt der Zeit, den wir als Intensität,

„Dichte", Spannung, auch als Tendenz und Wahrscheinlichkeit, Latenz und Potenz wahrnehmen. Personen, die mit der Wahrnehmung von „Energie" im feinstofflichen Sinne und zwischenmenschlichen Bereich vertraut sind, benutzen die hier am häufigsten verwendeten Begriffe Intensität und „Dichte" zur Beschreibung ihrer energetischen Wahrnehmung. Sie beschreiben m.E. das gleiche Grundprinzip. Wollen wir uns aus der Sklaverei befreien, müssen wir uns der quantitativen Uhrenzeit als entfremdeter Zeit und d.h. auch gleichzeitig als entfremdetem Geist bewußt werden. Wir müssen dieses Stadium unserer Selbstentfremdung überwinden, d.h. erwachsen werden, uns aufrichten. Dies bedeutet, uns selbst wieder mehr in den rhythmischen Prozeß allen Lebens einzubinden und die Uhrenzeit zu einer nur *nützlichen* Nebensächlichkeit zu degradieren.

Ich will in diesem Kapitel zeigen, wie wir heute bereits in alltäglichen Situationen mit dem Zeit / Geist Problem umgehen und in der oben besprochenen Weise beginnen, es zu bewältigen, allerdings häufig noch weitgehend unbewußt. Je mehr wir uns der in uns ablaufenden Prozesse bewußt werden, um so leichter werden wir den Sprung aus der Diktatur der Zeit in ein unabhängigeres Leben wagen.

Wir näherten uns in den vorangehenden Kapiteln dem Übergang von Zeiterfahrung (Zeitabhängigkeit) in Geistwahrnehmung, vom „Haben" zum „Sein", von der Projektion in Ganzheitliche Wahrnehmung, von zivilisatorischer Selbstentfremdung zum Einssein mit der Natur und richteten dabei unser Augenmerk auf die Wahrnehmung unseres Zeitempfindens. Es war meistens der paradiesische Urzustand, das Einssein mit der Natur, den wir als Referenz, als Bezugspunkt, als das Erlebenswerte angenommen hatten. Dabei haben wir *vorwärts schauend in Richtung Bewußtsein* **gleichzeitig** unsere Aufmerksamkeit *nach hinten in Richtung Paradies bzw. Einssein mit der Natur gerichtet.* Wir wollen auch jetzt den Kontakt zu unserer Herkunft nicht verlieren, darüberhinaus jedoch versuchen, nach einer neuen Einheit unter Einbeziehung der Zivilisation und des zivilisatorisch bedingten Bewußtseins zu suchen. Versuchen wir wahrzunehmen, was dann mit der Zeit geschieht und versuchen wir auch hier, die *Verbindung* und die Wechselbeziehung Zeit/Geist zu durchleuchten.

Moshe Feldenkrais hat zwei ganzheitliche Methoden zu einem Schulungsprogramm für Körper und Geist entwickelt, die seit fast 20 Jahren praktiziert werden und sich zunehmender Beliebtheit erfreuen. Bei der einen Methode (Bewußtheit

114

durch Bewegung) werden Übungen meist liegend auf der Matte durchgeführt. Der Schüler versucht, vorgegebene, z. T. nie gemachte Bewegungsabläufe gezielt mit höchstmöglicher *Präzision* nachzumachen und *gleichzeitig* die Auswirkungen dieser einen gezielten Bewegung auf den gesamten Bewegungsapparat zu spüren. Da wir nicht nur seelisch, sondern auch mechanisch - funktionell eine Einheit sind, erfahren wir, wie selbst kleinste Bewegungen wie minimale Kopfdrehung oder auch nur isolierte Blickwendungen den gesamten Bewegungsapparat miteinbeziehen. Je feiner wir diese Bewegungen machen, je mehr sie nur im Gedanklichen und in der Vorstellung ablaufen, um so feiner wird unsere Wahrnehmung, um so umfassender nehmen wir uns als Ganzes wahr. -

Oder etwas anders ausgedrückt: Wir richten unsere Konzentration auf einen meist kleinen Bewegungsablauf und lernen dabei uns *ganzkörperlich* wahrzunehmen (Man beachte hier die Umkehrung des Handlungsgeschehens im Vergleich zu einem erotisch-naiven noch „ungebrochenem" Kind.(Die Bewegungsintention ist spielerisch, ziellos; der Bewegungsablauf ganzkörperlich, ganzheitlich erotisch!) Je feiner, gedanklicher die gezielte Bewegung, um so intensiver das Ganzheits- und Gleichzeitigkeitserlebnis. Wir erfahren eine neue Form unserer verlorenen Einheit. Ich stelle hier Einheitserfahrung - Geisterfahrung - Seinserfahrung und Heilserfahrung unmittelbar nebeneinander, der Begriff höchste Wahrnehmungsqualität beinhaltet die gleiche Aussage. - Wir nehmen uns mehr oder weniger ganz wahr, fühlen und spüren uns besser d. h. wir fühlen uns wohl dabei und führen gleichzeitig eine gezielte Bewegung aus. - *Wenn wir uns wohl fühlen, fühlen wir uns gut, wenn wir uns gut fühlen, fühlen wir uns wohl.*

Die Bewußtwerdung „innerkörperlicher Verknüpfungen" verbunden mit dem Reiz z. T. völlig neuer bzw. längst vergessener Bewegungsabläufe kann zu Lösung ältester Fehlhaltungen und Verspannungen führen und damit Heilungen einleiten, die für unmöglich gehalten wurden.

Klar, daß man sich nach einer Unterrichtseinheit z. B. einer Stunde meistens sehr gut fühlt, schließlich hat man ja geübt, sich wieder zu fühlen! Darüberhinaus entsteht häufig der Eindruck, daß die Uhrenzeit sehr schnell vergangen ist, z. B. kommen einem die 60 Min. wie eine halbe Stunde vor. Die subjektive Erfahrung des Schrumpfens von tatsächlich verstrichener Uhrenzeit haben wir vielfach erwähnt. Das Phänomen, daß Zeit bei freudiger, intensiver Betätigung rascher verstreicht oder als kürzer wahrgenommen wird, ist allgemein bekannt. -

*Verjüngen wir uns vielleicht relativ in einer Stunde **ganzheitlicher intensiver Betätigung**, da wir subjektiv nicht so alt geworden sind, wie es die Uhrenzeit uns weismachen will?* Ist es vielleicht eine ähnliche subjektive Verjüngung, wie wir sie im erholsamen Schlaf erfahren? Wir wollen diese Gedanken zum jetzigen Zeitpunkt nicht vertiefen. Mir kommt es im Augenblick auf die Wahrnehmung der Gleichzeitigkeit von ganzkörperlichem Spüren und gezielter, gerichteter Handlung an.

Die Gleichzeitigkeit als Ausdruck für Zeitfreiheit und Zeichen für Intensität und „Dichte" und damit auch für zwischenmenschliche Intensität haben wir schon bei der Betrachtung des Liebespaares und des Vogelschwarms untersucht. Ich legte diesem Phänomen einen unmittelbaren energetischen Austausch jenseits unserer fünf Sinne zugrunde, eine Wahrnehmung, die irgendwie mit unserem „6. Sinn", unserem Spürbewußtsein mit ganzheitlicher Wahrnehmung und archaischen Wahrnehmungsstrukturen in uns zu tun haben muß. Es standen dabei allerdings Menschen und Vögel in einem nach **außen** gerichteten engen Kontakt. In dem hier vorgetragenen Beispiel einer Feldenkraisübungsstunde lag das Augenmerk auf einer anderen Form von Gleichzeitigkeit, einer nach **innen** gerichteten. Der für unsere Wahrnehmung mehr nach außen gerichtete „enge Kontakt", ich nenne ihn Resonanz, kann einer mehr nach innen, auf uns selbst bezogenen Resonanz gegenüberstehen.

Durch Schlaf[23], besonders „Ausschlafen", Meditation[24] und Besinnlichkeit kommt es bei uns Menschen zu „inneren Gleichschaltungen". In AHA-Erlebnissen gelangen wir zur Bewußtwerdung und der damit dann verbundenen Änderung unserer Verhaltensmuster. In der Feldenkraisarbeit wird dieser Prozeß gezielt angestrebt. Wir erleben hier *Bewußtwerdung und Heilserfahrung* in *einem* **aktiven** *Prozeß.* Wir agieren mit dem bewußt angestrebten Ziel von Heilung und Bewußtwerdung. Bei den früheren Darstellungen standen unbewußte, kindliche Handlungen z. B. die Sprünge der Jugendlichen oder das mehr *passive* sich hingeben können an die Natur im Vordergrund.

Kommen wir jetzt zu dem Gedanken des Verjüngens, zu einem „Jüngern", das dem Altern gegenübersteht.

Richten wir unsere Aufmerksamkeit nicht mehr ausschließlich auf die übermächtige Uhrenzeit

---

[23] .... eine Nacht über eine Sache/ ein Problem schlafen ....

[24] Meditation vom lat. meditari im Grunde ein passiver Prozeß wie Schlafen!

und die lineare Zeitachse, also nicht mehr auf. Vergangenheit-Gegenwart-Zukunft; erkennen wir, wie wir in einer Nacht nicht älter sondern jünger werden[25]. Die am Tage geschrumpften Bandscheiben quellen in der Nacht wieder etwas auf, wir sind morgens größer, aufgerichteter, vitaler als am Abend. Unsere Haut, speziell im Gesicht, kann sich straffen, unsere am Abend müden Augen bekommen den „Morgenglanz", alles Zeichen einer Verjüngung. Im *Ur*laub gehen wir zurück zu unserem *Ur*sprung z.B. in Richtung unserer Geburt oder auch noch früher, auch hier verjüngen wir uns relativ. Über Nacht reifen unerledigte Probleme, entsteht neues Bewußtsein. Wir haben Zeit zum Nachdenken, wenn wir es wollen. Überwiegend sind die „Verjüngungsvorgänge" wohl passive Prozesse, wir lassen sie geschehen oder geben uns hin. Auch hier gibt es auffallende Zeiterlebnisse z.B. kann die erste Urlaubswoche doppelt so lang wahrgenommen werden (erfüllte Zeit!) wie die beiden deutlich langweiligeren restlichen zwei.

In der Feldenkrais*arbeit* sind wir aktiv tätig, wir arbeiten ja, dennoch erfahren wir Zeitverkürzung, werden also relativ jünger und gesünder, heiler. Der Begriff des „Arbeitens" ist in „Psychowork-

---

[25] Vergleiche die Aussage zum Altern in der Einsteinischen Relativitätstheorie

shops" üblich. *Indem wir uns aktiv um Bewußt-sein bemühen, altern wir nicht durch diese Ar-beit, sondern wir „jüngern", wir werden tatsäch-lich wieder jünger.*

Kommen wir jetzt zu einer Erlebnisweise, die *gleichzeitig Resonanz nach innen und außen* zum Ziel hat. Stellen wir uns einen Redner vor, einen Pfarrer auf einer Kanzel, einen Politiker auf ei-nem Rathausbalkon, einen Wissenschaftler auf einem Podest in einem Festsaal. Der Redner hat einen erhöhten Platz, natürlich, weil ihn alle hö-ren und sehen sollen. Dies ist aber sicherlich nur ein Aspekt, ein äußerlicher und oberflächlicher. Wie sieht es im Inneren des Redners aus? Wir erwarten von einem Redner, daß „er etwas zu sagen hat". Wenn wir etwas rüberbringen wollen, dürfen wir nicht in eine Sache verstrickt sein, sondern wir müssen „über den Dingen stehen". Gläubige und Pfarrer bitten in der Kirche „um höheren Beistand", damit der Pfarrer von oben herab predigen kann. - Gelingt eine Rede, ein Vortrag, eine Predigt, (ein Buch?), muß der Red-ner *gleichzeitig* von oben herab auf das Thema blicken und seine Gedanken ordnen und mehr von unten heraus das Thema rüberbringen. Je besser die Verbindung von unten nach oben beim Redner, um so geschlossener, natürlicher und ausdrucksstärker wird sein Vortrag werden. Wir sagen, er wirkte überzeugend, strahlte Kraft aus und begeisterte. Die innere Harmonie von agierendem Körperaspekt zu ordnendem Geistaspekt, die innere Resonanz läßt Kraft entstehen. Gelingt es dem Redner, die Menschen zu begeistern, seinen Geist auf die Zuhörer zu übertragen, ihn rüberzubringen, wird vieles möglich, Gutes und Schlechtes. Er kann sie zu positiver Tat begeistern oder sie ins Verderben führen.

Voraussetzung für den hier angedeuteten Prozeß ist primär die *innere Resonanz* in der eigenen Vertikalen; sekundär, aber unerläßlich, ist die Horizontale, die Beziehungsfähigkeit, die *äußere Resonanz*. Wenn alles stimmt, „haben wir etwas zu sagen" und unser Bankkonto stimmt meistens auch. Die Resonanzfähigkeit nach außen kann Motivation, d.h. Bewegung und Leistung bewirken.

Wo bleibt die Wirkung auf die Zeit? Es handelt sich hier nicht um eine individuelle, sondern kollektive Betrachtung (Publikum). Hatte das Volk einen guten König, war die Zeit für die Volksempfindung erfüllt und es entstand Länge (=lange Zeit), vielleicht der Aspekt eines längeren Lebens (Zeitachse) als es nach der Uhrenzeit war. War der Anführer „böse" wie ein Adolf Hitler, entstand ein umgekehrter Effekt. Die sechs Weltkriegsjahre werden vielen wie eine Ewigkeit vorgekommen sein; es war verlorene Zeit, viele fühlten sich *um ihr Leben* betrogen. Es war für die meisten eine sehr schlechte Zeit.

Wir können auch hier sinnvoll den Begriff Zeit und Geist vertauschen. Z.B. es herrschte für die meisten ein sehr schlechter Geist. (s. Kap.1), dann wird uns klar, daß es der Zeitgeist war, der Geist des Hasses und des Neides, der so viel Elend über die Menschen gebracht hat. Wenn wir aber lieben, leben wir bekanntlich in der unmittelbaren Gegenwart. Es entsteht Zeitfreiheit. Ein kurzer Zeitraum in unserem Leben kann uns so bereichern (Geld ist nicht gemeint!), daß er die *übrige Zeit des Lebens anhaltend* überstrahlt.

Kapitel 10

Schematische Darstellung von Einheit und innerer Spaltung als „Schematisierung" der Zeitentstehung. - Das mentale, wissenschaftliche Denken, die heute bedeutungsvollste Wunde unseres Seins.

> Zum kleinen Ego bewege ich mich kontinuierlich in der Zeit, von der Vergangenheit in die Zukunft. Die Zeit ist eine Erfindung der mentalen Bewußtseinsstufe.
>
> Vom Ego zurück zum Selbst springe ich in den Raum der Zeitfreiheit.
>
> Die Zeitfreiheit gehört zu der Findung des supramentalen Bewußtseins.

In diesem Kapitel möchte ich unser Grundthema, die verschiedenen Beziehungen von Zeit und Geist unter einem weiteren Blickwinkel beleuchten. Mein Anliegen war es, durch vielfach variiertes Umkreisen des gleichen Sachverhaltes, den Bewußtseinssprung der zur Konkretisierung von Zeit und Geist führt, erfahrbar und energetisch wahrnehmbar zu machen. Dabei ging es immer um die Überwindung unserer wissenschaftlich-rationalen Zentrierung im alten Weltbild. - Der in diesem Kapitel gewählte direkte Umgang mit dieser Zentrierung, unserem „Ego-Zentrum" (kleines Ego, nicht zu verwechseln mit dem „Ich" und „Selbst", unserem Kern.), bedingt eine mehr rationale Sprache, die sich von dem energetischen Umkreisen der übrigen Kapitel unterscheidet.

Ich werde jetzt versuchen, an Hand eines Schaubildes unser Zeitproblem in starkvereinfachter Betrachtungsweise zu erläutern. Der Mathematiker und Physiker sucht nach einer Formel, der Wahrheitssuchende nach einem Symbol und Schaubild. Es geht um die Überwindung des Gegensatzes von Chaos und Ordnung. Der Mathematiker bündelt die unendliche Vielfalt der Zahlen zu einer Formel, der Wahrheitssuchende die unendliche Vielfalt der Wahrnehmungen zu einem Symbol oder Schaubild. - Schaubilder und Symbole, mit denen unser Weltgeschehen dargestellt werden sollte, gab es zu allen Zeiten. Es kommen z.B. Bilder als geschichtete Pyramiden, konzentrische Kreise oder spiralige Anordnungen vor. Sie alle sind unter dem jeweiligen Blickwinkel ihrer Entstehung wahrscheinlich richtig.

Es scheint, als ob das alte chinesische Yin-Yang Symbol in der heutigen Zeit die größte Anziehungskraft besitzt.

Für mich war die liegende Acht, die *Lemniskate*, das Symbol für Unendlichkeit und Kosmos, hilfreich und lehrreich zugleich. - Die Zahl Acht gilt als Symbol der Ganzheit und Vollkommenheit.

Sie beinhaltet Tag und Nacht (Acht von Acht-samkeit und Nacht von nicht Acht). - Man er-kennt in der Lemniskate die Sinusschwingung, die leicht in eine Spiralbewegung und Spirale durch einfache zusätzliche Drehbewegung ge-wandelt werden kann.[26]

Das Wichtigste an der liegenden Acht ist mir die Darstellung einer polaren Struktur, wie sie in den beiden auseinanderliegenden Bäuchen zum Aus-druck kommt. Diese Gegensätzlichkeit und Pola-rität darstellenden Pole sind nur durch eine zarte, zerbrechliche Verbindung, einem Hals, miteinan-der verknüpft und gerade dieser gefährdete, unsi-chere Übergang verdient unsere besondere Beachtung; es ist z.B. der Schnittpunkt der Sinus-schwingung mit der Zeitachse oder der Durch-gangspunkt eines Pendels durch die Nullage.

Ich werde im Folgenden textlich meinen Bezug zu der Lemniskate erläutern. Die Aussagen finden sich dann gebündelt auf der Schautafel. - Die Darstellungsform dieses Kapitels unterscheidet sich, wie schon erwähnt, von der übrigen Darstel-lungsweise dieser Schrift. Während ich sonst ver-sucht habe, spürend Wahrgenommenes z.B. Nu-

---

[26] Das S , die Sinusschwingung teilt das Yin-Yang Symbol in zwei gleiche Hälften.

minoses in einer sprachlichen Form rüberzubringen, wechsle ich jetzt zu einer mehr rationalen Darstellung. Ich habe also auch meinen eigenen inneren Beobachtungsstandpunkt gewechselt. Das neue Paradigma ist durch die jetzt *verwendete* „alte Sprache" und Sichtweise nicht befriedigend erfaßbar. Es bleibt ein Sprung, eine Wunde, eine Stufe, die zwischendurch immer wieder offenbar werden wird und in mentaler Sicht und Sprache nicht überwunden werden kann.

Der Wechsel zu der plakativen Darstellungsweise des alten Paradigma (plakativ-augenbetont, mental) ist als Darstellungsvariante unseres Zeit/ Geist Themas dennoch sinnvoll. Es ist die übliche Form der nicht poetischen Annäherung an ein Thema wie das unserige. Es ermöglicht dem mutigen Leser, der den Sprung zu einem neuen Verstehen gewagt hat, sich wieder auf altes, bekanntes Terrain zurückzuziehen.

Ich rate meinem Leser nicht gleich zu Anfang oder vor dem Lesen des Textes tiefer in das Schaubild einzusteigen. Dieser vorzeitige Schritt würde nur verwirren. Er wäre vergleichbar mit dem Blick von einem sicheren, befestigten Platz in ein darumliegendes Chaos.

Der Mittelpunkt des linken Bauches ist Punkt A, es ist die Welt des Geistigen; christliche Religion, Kirche, Klosterzölibat sind auf diesen Punkt zentriert, er ist des Zentrum ihrer Weltsicht und ist dem Himmel zugeordnet.

Die Mitte des rechten Bauches ist Punkt B, das Zentrum unserer augenblicklichen, noch dominierenden weltlich-materiellen Lebensweise. Hier fühlen sich die meisten geborgen, eingebettet und geschützt in ein kausales, wissenschaftliches Weltbild, das alte Paradigma, in dem alles quantitativ meßbar zu sein hat, „real" und objektiv ist. Subjektivität und Irrationalität ist verwerflich, eigentlich nicht existent. In Punkt B dominiert Geld und weltliche Macht, er ist die materielle Welt schlechthin, die Erde als materieller Gegenpol zum geistigen Himmel.

In der Mitte, freiliegend und ungeschützt der Punkt C. Aus moderner, wissenschaftlicher Sicht ist es das Chaos. Die Chaosforschung blickt auf diesen Punkt von ihrem mental und wissenschaftlich gesicherten Platz B und entdeckt wundersame Dinge, vor allem Labilität und Fließgleichgewichte.

Die Akzentuierung unserer Wahrnehmung:

Himmel	Himmel auf Erden	Erde
Jenseits	Hier + Jetzt	Diesseits
Christl. Religion	Gegenwart	Geld
Kirche	Ursprung	weltl. Macht
Kloster, Zölibat	altes und „neues"	Produktion
	Paradies	
	Natur/Kosmos	
	Zeitfreiheit	Zeitabhängigkeit
	Labilität	Stabilität (feste
	Instabilität	Materie)
	Heil	
	das Göttliche	
	Christus	
	das Kind	

C
Sünde
Wunde
Schuld
A B
Krankheit
Verletzung

Geist	Selbst	kleines Ego
Glaube	Ich	Materie
	Leben	Haben
	Sein	Wissenschaft
	Einheit	Technik
	Weisheit/Wissen	„Realität"
	Bewußtsein	Kausalität
	Liebe	gerichtetes Den-
	Freiheit	ken
	Glück	Scheinheiligkeit
	Licht	Pseudo...wissen
	echt	Lüge
	wahr	
	ehrlich	

128

Punkt C kann nur in seiner *Einheit und Komplexität* von **innen heraus** erlebt werden, entweder naiv-unbewußt, wie z.B. ein Kind oder wahrnehmend-bewußt, wie ein Erwachsener. Er ist die „ganzheitliche Mitte" aus Geist und Materie, das „Dritte", ein „Kind", ein „Integrat". Versuchen wir diesem Punkt Aspekte unseres Lebens zuzuordnen, merken wir schnell, daß die höchsten uns bekannten Werte, auch wenn wir danach im Augenblick nicht leben, offensichtlich auf diesen Punkt zentriert sind. Es seien hier nur einige wichtige hervorgehoben, ohne Anspruch auf Vollständigkeit.

Zunächst das Göttliche, die Einheit und damit auch indirekt die Person Christi und mit ihr das Dritte, das Kind. Dies führt zu Liebe, Freiheit, Glück, der Zerbrechlichkeit des Lebens; wir kommen zu Ursprung und Geburt und damit zu reiner Gegenwart, zu Hier und Jetzt; Paradies, Natur, Naivität lassen sich leicht anfügen. Punkt C ist unsere eigentliche Heimat. Wenn wir in mystischem oder transzendentem Sinne von unserer Heimat und zu Hause, von Heimkehren sprechen, schwingt dieser Punkt in uns.

In Punkt C treffen die extremsten Gegensätze zusammen, ist die Polarität unserer menschlichen

Existenz am stärksten versinnbildlicht. Er ist das Zentrum jeglicher Paradoxität.

Die Einheit als Sinnbild für Heilsein, nicht kaputt, nicht verletzt sein und damit bei voller Kraft sein tanzt mit dem schwächsten Aspekt, der größten Trennung und Spaltung gerade dieser Einheit. Ist dies vielleicht der eigentliche Tanz des Lebens ?

Ein Raubtier spürt die Verletzlichkeit dieses Punktes und springt dem Gegner an den Hals, wenn es ihn töten will. Es sei hier noch einmal betont: Aus der Welt*sicht* des Wissenschaftlers erscheint Punkt C bestenfalls als Chaos, Punkt C ist nur wahrnehmbar und erlebbar. Der Astrophysiker flirtet mit den ganz großen kosmischen Frauen und ihren Schwarzen Löchern. Bei dem Versuch, sich als Wissenschaftler der Einheit zu nähern, mathematisch Singularität, versagen die wissenschaftlichen Prinzipien, alles wird **unberechenbar** (Stephen W. Hawking, in „Eine kurze Geschichte der Zeit"). Wenn wir uns wissenschaftlich den „Kernkräften", der Einheit, dem Zentrum in Punkt C nähern, wie z.B. in der Atomtechnik und Gentechnologie, werden wir, und das was wir tun, unberechenbar.

Ich könnte die hier gemachten Aussagen unter

Benutzung der liegenden Acht auch in wenig veränderter Weise abfassen, wenn ich als Symbol einen Kreis mit einem Mittelpunkt benutze. Der Kreis mit Kreismittelpunkt gilt seit altersher als Symbol und Rune für das Göttliche. - Unsere Aussagen, die wir über das Wesen, unseren Kern, unser Innerstes machen, beziehen sich immer auf den Kreismittelpunkt. Er ist identisch mit Punkt C in der liegenden Acht. Bei Benutzung der liegenden Acht kommt in diesem Punkt die Spaltbarkeit und Verletzlichkeit unseres Kerns (Kernspaltung) in anschaulicher Weise zum Ausdruck.

Meine Absicht war es, bei der Verfassung dieser Schrift, so sehr wie irgend möglich, mich nur auf das Thema Zeit/Geist zu beschränken. Dabei habe ich unbeabsichtigt gleichzeitig ein Buch über Bewußtseinstransformation geschrieben und diesen Wandlungsprozeß in grundlegender Weise betrachtet. Unser altes, noch vorherrschendes Weltbild habe ich überwiegend als Newton'sches Weltbild bezeichnet. Die Bezeichnung Descartes'-Newton'sches Weltbild wäre sicherlich umfassender, besser und treffender. Die zentrale Aussage Descartes': „cogito, ergo sum" beleuchtet unser Thema und die immer wieder erwähnte mental-wissenschaftliche Selbstentfremdung in treffender Weise. Descartes ist in Punkt B zentriert, er sieht die Welt und sich aus überwiegend mentalem Winkel. Der bei Descartes anfänglich eher noch weite Blickwinkel ist bis heute in der Zeit des Spezialistentums zu einem Winkelstrich geworden.

Dem mentalen Descart'schen Axiom setzte ich meinen supramentalen (integralen) Grundsatz entgegen:

Ich bin ursprungsbewußt, also bin ich.[27]

Oder etwas anders ausgedrückt: Ich bin erneut ursprungszentriert, also bin ich. - Beim ungebrochenen, erotischen Kind mag diese Ursprungszentrierung vollständig sein, bei den großen Heiligen sicherlich auch. Für den normalen Sterblichen, wie den Autor, bleibt diese Zentrierung ewige Hoffnung und Herausforderung zugleich.

Unser bisheriges, noch gültiges Descartes-Newton'schen Weltbild ist auf Punkt B zentriert und als solches ist es ein Bild, eine Projektion, ein Schauspiel. (Goethe, Faust I: welch Schauspiel, aber ach, ein Schauspiel nur.....) - Die Distanz zwischen Punkt C und B ist unsere Sünde, unsere Wunde, durch die wir innerlich gespalten sind, unsere kosmische und persönliche Schuld. Ist es vielleicht ein Hauptmerkmal des alten Paradigma, daß die „Hauptschuldigen" sich am we-

---

[27] Es ist auch der Punkt in dem Vergangenheit und Zukunft sich in der Gegenwart berühren, wo die Uroborosschlange ihren Schwanz berührt und sich selbst auffrißt.

nigsten schuldig fühlen?

Blicken wir mit unserem Restinstinkt auf eine noch naturhafte junge Frau oder ein Kind in Punkt B, empfinden wir eventuell unsere Scheinheiligkeit, Verlogenheit, Pseudoliebe, Unwahrhaftigkeit, Unehrlichkeit und Unechtheit. Die zunehmende Verwendung der Begriffe ....in echt?....ehrlich?.....ist das wahr?.... (s.Kap.2), besonders bei Jugendlichen, zeigt, daß die Zentrierung unserer Welt in Punkt B anwachsend umstritten ist. Descartes hat sich durch Punkt B definiert; die neuzeitliche, mentale Fähigkeit des Denkens, speziell abstrakt zu denken, wurde jahrhundertelang überbewertet und als neuer Urgrund unserer Existenz empfunden, die ewige Gründung im Sein ging vielen weitgehend verloren.

Punkt C ist die Lokalisierung echter Pünktlichkeit (Kap. 7), der Ort, in dem wir Zeitfreiheit empfinden, in dem wir *„im Geiste" sind.* Blicken wir auf Punkt B, *haben* wir uns in die *Zeit begeben.* Zeit als das heutige Problem unseres Weltbildes ist wahrscheinlich erst ca. 3000 Jahre alt. Es begann mit der Fähigkeit des Menschen, abstrakt denken zu können und damit das Denken vom Tun zu trennen. Heute suchen wir gerade das Gegenteil, die Momente, wo Denken und Tun wieder eins wird! Etwa 800 v. Christus berichtet

Homer von der griechischen Göttin Pallas Athene. Diese Göttin entsprang Götterchef Zeus aus seiner Stirn, Zeus gebar sie also mit seiner Stirn und damit entstand mentales Denken[28]. Die Geburt soll ihm sehr weh getan haben. Mag sein, daß der Schmerz noch bis in die heutige Zeit andauert und die *Wunde* noch nicht ganz verheilt ist. Ich glaube allerdings, daß wir dicht davor sind, ***diese Wunde überwunden zu haben.***

---

[28] Mental von lat. mens,mentis, die Stirn

Kapitel 11

Zeit, die vierte Dimension, ist Liebe die 5. Dimension? Müssen wir zurück ins Paradies?

> In der Zeitfreiheit bin ich wieder ein Stück im Paradies mit allen meinen Unzulänglichkeiten, die ich noch von meinem beschwerdevollen Weg dorthin mit mir herumtrage.

Ich will in diesem Kapitel die Grundthematik dieses Buches, die Konkretisierung von Zeit und Geist noch einmal Revue passieren lassen. Ich richte dabei mein Augenmerk besonders auf die sich zur Zeit in der Gesellschaft abspielenden Prozesse.

Es fällt auf, daß einerseits der Zeitdruck, der auf den meisten lastet, immer noch weiter zunimmt. - Der amerikanische Turbokapitalismus schwappt gerade erst nach Europa über. - Andererseits nehmen die Ereignisse, die auf eine zukünftige, mehr im spirituellen zentrierte Welt hinweisen, weiter kontinuierlich zu. Wir beobachten das Nebeneinander des alten und des neuen Paradigmas. Wer noch stark im alten Paradigma verhaftet ist, nimmt entsprechend die alten Kräfte noch bevorzugt wahr und verschließt sich noch mehr oder weniger den neuen Kräften. Je mehr jemand Transformation und Paradigmenwechsel vollzogen hat, um so mehr nimmt er das Entstehen einer neuen Zeit wahr und hofft, daß sich die Wende bald auch im Ganzalltäglichen durchsetzen wird.

Wir betrachten in diesem Kapitel ein weiteres Mal die Folgen, die sich aus unserer Aufrichtung vom Vierbeiner zum Zweibeiner ergeben haben. Indem wir uns aufrichten und nach dem (Liebes?)- Apfel am Baum der Erkenntnis greifen, wenden wir uns dem Himmel, dem Geistigen zu und damit indirekt auch dem Zeitlichen.

Wir betrachten die Konsequenzen, die sich für uns ergaben, als wir unseren sicheren tierischen Vierfüßlerstand gegen die Labilität des Zweibeiners eintauschten.

Als Menschen sind wir in der Lage, uns selbst wahrzunehmen. Dies ist die grundlegendste Eigenschaft, die uns vom Tier unterscheidet. Je unbewußter, desto mehr Tier, je bewußter, desto mehr Mensch, desto mehr homo humanus; je mehr vernunftbetont und dennoch unbewußt, um so mehr Bestie (Goethe: Faust I: ... er nennts Vernunft und brauchst allein, um tierischer als Tier zu sein ....). Im Großen werden wir uns der Weiten des Kosmos bewußt und müssen erkennen, daß wir nur in einem winzigen Spalt über der Erdoberfläche, unserer Atmosphäre, lebensfähig sind. Für mich wäre Leben in einem Raumanzug oder unter einer künstlichen Glocke kein Leben! Wir suchen dieser Erkenntnis zu fliehen, indem wir mit Fleiß Alternativen, wie Raumstationen oder Tiefseelabors entwickeln. - Im Persönlichen werden wir immer wieder auf unsere Labilität, unseren unsicheren Stand im seelischen und im körperlichen hingewiesen. Diese Unsicherheit ist Folge unserer Entwicklung vom Vierbeiner zum Zweibeiner. Wenn man jung ist und die körperliche Balance noch gut funktioniert, existiert diese unausweichliche Bedrohung zunächst nicht mehr, sie ist uns unbewußt. Für ältere Menschen oder Gehbehinderte ist dieses Problem grundlegend. Diese unserer Art eigene Unsicherheit und Labilität nehmen wir in jungen Jahren genauso wenig wahr wie die Tatsache, daß Strom nicht einfach aus der Steckdose kommt oder daß Lebensmittel, Obst und Gemüse, doch nicht in den Regalen der Supermärkte wachsen und in unserer wohlhabenden Gesellschaft billig verfügbar sind. Vielen ist heute nicht mehr klar, mit welchem Risiko und welchen Mühen Nahrung, besonders wenn sie gesund sein soll, hergestellt wird. - Das Sucht- und Drogenproblem ist auch ein *Labilitätsproblem*, wie man weiß. Doch wer denkt schon daran, daß es mit der Labilität unseres Stehens als Zweibeiner auf das Innigste zu tun hat. Wenn wir als Mensch irgendwann einmal erwachsen sein werden, unsere Aufrichtung und damit unsere Möglichkeit zur Bewußtwerdung verdaut haben, wird es auch keine Drogenprobleme mehr geben.

Wir erleben also Unsicherheit in Bezug auf den großen Raum, den Kosmos und in Bezug auf die uns nahen und *inneren* Situationen, unsere eigene Leiblichkeit, auch wenn wir dies im täglichen Leben nicht sehen oder nicht sehen wollen. - Was macht man nun als Mensch, wenn man sich unsicher fühlt? - Man umgibt sich mit Hilfskonstruktionen. Der Mensch nähte sich Kleider für seine nackte Haut, konstruierte Waffen gegen seine Feinde, baute Häuser gegen das Wetter, zähmte Tiere und Pflanzen gegen den Hunger bis hin zu Institutionen, die sich Versicherungen und Banken nennen. Die Unsicherheit des Menschen zwingt ihn also zu „Hilfskonstruktionen", zu Krücken für sein Leben als labiler Zweibeiner. Ein Christus, der in der Kälte Skandinaviens aufgewachsen wäre, müßte seinen vollmundigen Ausspruch: Seht die Vögel unter dem Himmel, sie sorgen nicht ... wohl etwas modifizieren.

Der begriffliche Umgang mit der Zeit, mit Vergangenheit, Gegenwart und Zukunft und besonders mit der Uhrenzeit, ist ebenfalls eine Hilfskonstruktion, eine Krücke, die dazu dient, unsere tiefe Unsicherheit *überwinden* zu lernen, die wir seit der Vertreibung aus dem Paradies, als Ausländer erfahren müssen. Ich werde diesen Zeitaspekt gleich noch weiter vertiefen: In unserer heute noch vorherrschenden mentalen Bewußtseinsstufe setzen wir uns menschheitlich mit der Zeit auseinander. Wir benutzen sie als Krücke für unsere Unfähigkeit, mit geistig-energetischen Dingen umzugehen. In der kommenden supramentalen Bewußtseinsstufe werden wir zunehmend das Geistige konkretisieren, also direkt und bewußt mit diesem Grundaspekt unseres Seins umgehen.

Es gibt eine andere gigantische Krücke, die Enormes in Bezug auf die Bewältigung unserer Unsicherheit bewirkt hat. Ich meine die Einführung der Null und mit ihr das Dezimalsystem in die Welt der Mathematik durch die arabische Kultur vor einigen hundert Jahren. Der Astrophysiker Stephen Hawkins jongliert in seinem Buch über die Zeit mit 40-stelligen Zahlen. Das Rechnen mit negativen und imaginären Zahlen ist heute für einen Mathematiker eine Selbstverständlichkeit. Ich frage mich, ob diese Fähigkeit mehr Ausdruck ist für menschliche Größe oder Selbstentfremdung-oder gar beides zugleich?

Nach der Vertreibung aus dem Paradies im Umfassenden und der Austreibung aus dem Paradies Gebärmutter im Persönlichen erleben wir die Welt zunehmend in der Projektion mit dem Gebrauch unserer fünf Sinne, besonders den Augen, die ja erst nach der Geburt das Licht der Welt erblicken. Unsere *ursprüngliche* (Ursprung hier Gebärmutter und das Paradies im „Großen"), *ganzheitliche* (von ganz, heil, eins-sein) *Wahrnehmungsfähigkeit* der Resonanz, die überwiegende Wahrnehmungsform der Liebe, d*ie bestimmende Wahrnehmungsform* des Seins, geht uns immer mehr verloren. In der Gebärmutter ist unser Zentrum noch nah mit uns selbst. Nach der Geburt, durch die Anforderungen des Lebens, besonders durch die Erziehung, unterliegen wir der Spaltung, der Sünde. Wir verlieren unseren innigen Kontakt zu Ursprung und leiblicher Mutter und Muttererde. (Erziehung ist gereckt werden zum Apfel der Erkenntnis, sie kann im Idealfall liebevoll sein oder grausam). Betrachtet man die noch lebhaften Gesichter einer Abiturklasse und die gleichen Gesichter dann nach einem 4-jährigen Studium an der Universität, erschrickt man, welch effektiver Wandlungsprozeß (lat.: versus von vertere: drehen, wandeln) in dieser Hochleistungsentfremdungseinrichtung   zustande kommt. (Ich brauchte sehr viel Glück und über 20 Jahre, bis ich eine Ahnung bekam, was mir damals verloren gegangen war).

Der Verlust der ursprünglichen Einheit mit dem Kosmos ist das Hauptproblem. In der Sprache der Psychologen ist dies der Verlust des Urvertrauens. Durch falsche Erziehung oder gravierende Lebenseinschnitte (und leider auch unglückliche Abstammung) kann dieses höchste Geschenk an das neue Leben verloren gehen. - Wir haben den interessanten Aspekt der Geistesgegenwart in Kapitel 3 beleuchtet. Ich meine, die zeitfreie Hochgeschwindigkeitsreaktionsweise der Geistesgegenwart bedarf eines starken Urvertrauens; ich habe diese Eigenschaft als Naturnähe des „Alpenbauernjungen" umschrieben. Auf die Bedeutung der Zeitfreiheit als Äquivalent für unmittelbare Präsens, Hier und Jetzt, reine Gegenwart, bis hin zu dem großen Geheimnisvollen, was wir Liebe nennen, habe ich mehrfach hingewiesen.

Die Auseinandersetzung mit dem Problem Zeit führte uns zu Geistigem und der Einheit aus Geist und Materie. Wir müssen erkennen, daß wir uns in unserer überbetonten Zuwendung an die Errungenschaften der Zivilisation aus unserer ursprünglichen Mitte, unserem eigentlichen Zentrum, dem Ursprung mit unserem Urvertrauen entfernt haben. Wir haben ein neues Zentrum, das Descartes'- Newton'sche, rationale, mentale Weltbild vorübergehend eingenommen und uns damit selbst entfremdet. Dies war sicherlich ein notwendiger Prozeß für die Entwicklung des Menschen, ein notwendiger Irrtum (Irren ist menschlich), den wir jetzt einsehen müssen, um zu überleben. Z. Zt. läuft ein weiterer gigantischer Entfremdungsversuch, der hier nicht unerwähnt bleiben soll, ich meine Irrtum oder Wahnsinn mit allem, was mit Computer und virtueller Darstellung zu tun hat. Selbstverständlich geht es nicht darum, eine neue technische Entwicklungsstufe als Ganzes in Frage zu stellen, zumal sie durch das neue Paradigma erst möglich geworden ist, genausowenig wie technisch-wissenschaftliche Entwicklung generell zu verteufeln und abzulehnen. Ich wende mich gegen die *bedingungslose Gläubigkeit* der Massen, bei der mit geschickter Werbung wie z.B. Datenautobahnen ein ganzes Volk auf den richtigen Weg gebracht werden soll. Die Verwendung virtueller Bilder verbunden mit weiteren unechten Sinnesreizen steht bekanntlich erst am Anfang.

Virtuelle Bilder sind geistige Bilder (vom lat. vir: der Mann, d. h. letztlich: dem Geistigen zugeordnet) ähnlich wie Imagination, Illusion, Halluzination, nur daß sie technisch sind und nicht echt, wahr, ehrlich sind (s. Kap. 8). - Die Fähigkeit zu reifer, erwachsener, bewußter spiritueller Wahrnehmung, die wir auch als echt, wahr und ehrlich bezeichnen könnten, wie ich sie im Zusammenhang mit der Wahrnehmung der „Kali" und der Archetypen (s. Kap. 8) beschrieben habe, müssen wir erst noch lernen.

Die breite Palette der Workshops und Ausbildungen, in denen die Öffnung zu dynamisch-energetischen, seelisch-körperlichen Erscheinungen und Funktionen geübt wird, führt zu echter spiritueller Wahrnehmung. Hierzu gehören Aurasehen, Chakrenwahrnehmen oder heilen wie Reiki und „Energiespüren" in vielen Formen. Ihnen allen gemein ist der *direkte Weg* zu feinerer Wahrnehmung, letztendlich der Weg zu „feinstofflich"-geistiger Wahrnehmung. Virtuelle Bilder dagegen entsprechen unserem Umgang mit der Zeit, in dem wir mit etwas Qualitativem, der Zeit und damit indirekt auch dem Geist, quantitativ entfremdet umgehen. - Muß die Masse der Zivilisation erst einmal ein gutes Stück in die virtuelle Sackgasse gehen, bevor sie ihren Irrtum erkennen kann?. Ist dies ein notwendiges Übel im Rahmen menschlicher Entwicklung oder nur der Müll im Zusammenhang mit einem großen Geschäft?

Es gibt in unserem jetzigen *Übergangszeitalter* viele Bewegungen, (Anläufe zum Transformationssprung) in denen Echtes, Wahres, Ehrliches neben Irrwegigem, Täuschendem, Fassadenhaftem, Maskierendem, *gleichzeitig* abläuft. Ich wähle ein Beispiel, das gut zu unserem Thema Zeit / Geist und dem Umgang mit dem spirituellen im Allgemeinen paßt: Der Boom mit den Geruchsstoffen, den *aetherischen* Ölen.

Um Zugang zum Zeit / Geist Thema zu bekommen, mußten wir uns besonders mit unseren archaischen, grundlegenden Strukturen auseinandersetzen. Unser Riechhirn bzw. unser Geruchssinn soll unsere älteste sensorische Fähigkeit sein. Im Zusammenhang mit der technischen Entwicklung von Waschmitteln vor mehr als 200 Jahren haben wir unsere Fähigkeit zu riechen zunehmend verlernt. Dabei ist gerade der Geruchssinn eindeutig und zielsicher wie kein anderer der fünf Sinne (wenn er funktioniert). Wir erinnern uns an Kindheitsgerüche und an ein Geruchsereignis noch nach Jahrzehnten. Ein kleines Geruchsmoment kann eine Fülle an Erinnerungen und Gefühlen in uns wachrufen. Mit den Geruchseindrücken ist es ähnlich wie mit spirituellen Wahrnehmungen, sie werden nur selten geäußert.

Auf der einen Seite erleben wir heute die Welt der Duftlampen und Räucherstäbchen. Ätherische Öle (Äther / Geist) und entsprechende Literatur können uns helfen, uns der heilenden und balancierenden Wirkung der Düfte gefühls- und bewußtseinsmäßig zu nähern. Der „Boom" auf diesem Sektor verläuft eher still, in Ökoläden und Bereichen der esoterisch-psychischen Szene, jenseits der schrillen Werbung in allen Medien. Heilung und Bewußtwerdung ist das eigentliche Thema.

Auf der anderen Straßenseite trommelt mit großem Werbeaufwand die Parfümindustrie dafür, daß sich jedermann mit einem klischeehaften Geruchsmantel umgeben kann und soll, nach dem wohlbekannten Grundsatz: „Kleider machen Leute".

Das zwischenmenschliche Verwirrspiel durch Kleiderfassaden und Uniformen aller Art, schon ohnehin kaum zu lösen, wird durch eine weitere Fassade noch erweitert.

Dies soll keine Kritik an dem jahrtausendealten Mittel weiblicher Verführungskunst mit Schminke und Düften sein. So schön wie es ist, sich vom Duft eines Rosenstrauches anziehen zu lassen, so unangenehm ist es, von einer „Dampf"walze in einer engen Einkaufsstraße überrollt zu werden.

Die totale Wandlung unseres Weltbildes wird

nicht ohne große Schmerzen für die Menschheit abgehen. Jeder tiefere Wandel ist mit einer vorübergehenden Destabilisierung (Krise = Chance) verbunden. Wir haben in dem Prozeß in Rußland ein schönes „Großfoto", das sich immer noch in der „Entwicklung" befindet, zu unserer ständigen Betrachtung.

Schließlich erkannten wir bei der Bearbeitung des Zeit/Geist Themas die Sünde in unserem Sinne als Wunde, derer ich mich durch Bewußtwerdung ein Stück entledigen kann.

Eine höhere Bewußtseinsstufe, wie die jetzt entstehende, muß mit einer größeren Energie ausgestattet sein als die vorangehende, sonst hätte sie gegen Trägheit und Bequemlichkeit keine Chance. Diese Energie einer höheren Bewußtseinsstufe zeigt sich besonders auffällig und eindrucksvoll, wenn es zu einer krassen Konfrontation mit der niedrigeren Bewußtseinstufe kommt. Jean Gebser hat in seinem Werk „Ursprung und Gegenwart" hierfür ein erhellendes Beispiel gebracht, den Zusammenprall der abendländischen-christlichen Kultur mit der heidnischen Kultur der Azteken und Inka. Bei der Eroberung Mexikos stand Cortez mit seinen 2-300 Mann 50-100000 Aztekenkriegern gegenüber. Nicht die durch körperliche

Übung erworbene Muskelmasse (Quantität) sondern die Qualität des Geistes hatte die Entscheidung herbeigeführt.

Im Folgenden möchte ich ein weiteres Beispiel für die Auseinandersetzung altes Weltbild contra Neuem geben, als Hinweis auf die Gleichzeitigkeit zweier gegensätzlicher gesellschaftlicher Prozesse, wie bei dem Beispiel mit den Gerüchen weiter oben. Hier der Vergleich von Feldenkraisarbeit mit der Fitnesstudiowelle.

Bewegung und Beweglichkeit ist bekanntlich etwas Grundlegendes und Wichtiges. „Bewegung bedeutet Veränderung" (Werbeslogan). Muskeln, Sehnen und Gelenke bilden auf der materiellen Seite dafür die Grundlage, auf der geistigen Seite sind es das Gehirn, die Nerven und die bewußtseinsmäßige Verknüpfung, die die Steuerung bewirkt.

Über die Feldenkraisarbeit wurde hier schon mehrfach berichtet. Verbesserung und Erweiterung der Bewegungsqualität steht im Vordergrund. Die Hinwendung auf das „Innere", den Geist, führt zu einer Gemeinde, die mehr im Verborgenen wächst und sich durch Mundzumundpropaganda ausbreitet.

Bei der Fitnesswelle ist das Zielgebiet auch Bewegung, Muskulatur und Gelenke. Hier erleben wir jedoch eine nach außen gerichtete, mit Werbung und Tamtam gesteuerte Welle. Äußerlichkeit und Quantität (vorzeigbare Muskelmasse) sowie stupide mechanische Übungen an technischen Geräten stehen intelligenter, auf Feinheit und Qualität ausgerichteter Wahrnehmung bei der Feldenkraisarbeit gegenüber. Das Fitnessprogramm wird zunehmend in aufwendig ausgestatteten Studios betrieben, spezielle Kleidung spielt eine Rolle. Die Feldenkraisarbeit findet in eher bescheidenen, meistens kostengünstig angemieteten Gemeinschaftsräumen statt.

In der abstrakten Sichtweise der Mathematik ist die Zeit die vierte Dimension. Die ersten drei Dimensionen bilden den Raum. Sie bilden auch die Form und das Gefäß, das wir selbst sind. Raum und Zeit bilden mathematisch gesehen ein sogenanntes Kontinuum. Körper und Geist bilden ganzheitlich gesehen und integral wahrgenommen eine Einheit. Der Inhalt, der Geist erfüllt die Form bzw. das Gefäß. Die hier geäußerten Beziehungen zwischen Zeit und Geist bis hin zu ihrer Gleichsetzung dürften für die meisten Wissenschaftler ähnlich verwirrend sein, wie die Existenz von Antimaterie. Was aber hält Form und Inhalt zusammen? Was verbindet Körper und

Geist, Quantität und Qualität, Maß und Masse? Was läßt sie uns mal mehr als Einheit und mal mehr als „Getrenntheit" erscheinen? Albert Einstein meinte Anfang des Jahrhunderts, daß zu den Grundparametern, die das Raum-Zeit-Kontinuum bilden, auch noch die Schwerkraft, also die Anziehungskraft der Erde und jeglicher Materie gehöre. Nachdem er seine Relativitätstheorie „klar hatte" soll er sich den Rest seines Lebens damit beschäftigt haben, diesen offensichtlich auch noch essentiellen Faktor unseres Universums mit in sein Weltbild einzubauen. Dies ist ihm nicht gelungen. Der Wunsch, alle Prozesse des Universums mit einer Weltformel erklären zu können, scheint eine Ur-sehnsucht aller großen Mathematiker und Physiker zu sein. Auch später haben sich viele große Geister daran versucht, wie z.B. Werner Heisenberg. Der Einbau der Anziehungskraft der Materie in diese Weltformel bleibt ein Problem, zu dem sich auch der Astrophysiker Stephan Hawking in seinem Buch. („Eine Kurze Geschichte der Zeit") äußert. - Bei meiner Suche nach dem Wesen der Zeit, die mich zu Ursprünglichem und Grundlegendem führte, kam mit Sünden*fall* und *Fall* in die Zeit die Schwerkraft mit dem Fallen wie von selbst..... Das Aufrichten des Menschen um an den Apfel der Erkenntnis zu gelangen, macht ihn labiler und anfälliger für die Wirkung der Schwerkraft als das vierbeinige Tier.

Interessanterweise gibt es eine zweite Geschichte mit einem Apfel, die für die Menschen unserer Zeit von grundlegender Bedeutung geworden ist. - Isaac Newton soll bei der Beobachtung des Falles eines Apfels von einem Baum die Idee zu der Existenz der Schwerkraft gekommen sein. Diese Entdeckung veränderte das damalige Weltbild entscheidend und führte zu den technisch-wissenschaftlichen Veränderungen, die unser Leben auch heute noch prägen, wenn auch keineswegs mehr so uneingeschränkt wie noch vor 100 Jahren. Die neue Weltsicht, die sich aus den Einstein - Max Planck`schen Erkenntnissen herleitet, veränderte danach zunehmend unser Leben. Die bisher noch sehr unvollständige Akzeptanz dieses Weltbildes im persönlichen und im zwischenmenschlichen Bereich ist wahrscheinlich für die meisten Probleme unserer Zeit verantwortlich.

Die hier geäußerten Theorien zum Wesen der Zeit könnten erhebliche Auswirkungen auf unsere heute noch bestehende Weltsicht, besonders unsere wissenschaftliche Sichtweise haben. Ich möchte dies an einem aktuellen Beispiel erläutern.

Die Genforscher argumentieren für ihre umstrittenen gentechnologischen Eingriffe in die Erbsubstanz unserer Nahrung damit, daß sie die Evolutionszeit verkürzen. Dieses Argument wird am meisten betont, da bisher scheinbar unangreifbar.

Sie erkenne nicht, daß Zeit letztendlich Geist ist, und eine Zeitverkürzung zu „Geistlosigkeit", zu einer Verringerung des Geistanteils in unserer Nahrung führt. Geist ist das Qualitative Element unserer Existenz. Dies bedeutet, daß gentechnologische Errungenschaften nur eine Produktveränderung bewirken, wobei eine Quantitätsvermehrung auf Kosten von Qualitätsminderung zustande kommt. Um dieses zu „beweisen", um eine 100-jährige prinzipielle Einäugigkeit zu bestätigen, brauchen wir keine prächtigen Großstudien mit Doppelblindversuchen mehr. Die Entwicklung der letzten Jahrzehnte mit der wissenschaftlich - technisch bedingten Veränderung unserer Nahrungsmittel spricht für sich. *Die meisten Menschen haben bereits schon vergessen wie Tomate, Radieschen und Gurke früher schmeckten oder gar **dufteten*** (Geist!). Wir betrügen unsere Kinder um ihr Leben mit einem Wohlstand der unecht ist.

Das erschreckende Ereignis des Rinderwahnsinns und die noch nicht erkennbaren Folgen dürfte nur die Spitze des Eisberges sein.

Vergessen wir nicht, daß es *nicht* primär die unglaubliche Dummheit der Bauern ist, an einen reinen Pflanzenfresser wie die Kuh Tierproteine zu verfüttern. Der Rinderwahnsinn beginnt mit wissenschaftlichen Tierversuchen, bei denen nachgewiesen wurde, daß die Beigabe von Tierprotein zur Pflanzennahrung der Rinder bessere Gewichtszuwachsraten bringt, also eine Quantitative Vermehrung der Fleischproduktion. Und erst danach kommen geschäftstüchtige Firmen, die die wissenschaftlichen Ergebnisse umsetzen und entsprechendes Futter anbieten und dann erst der Bauer, der es anerkanntermaßen in unsere Gesellschaftsstruktur besonders schwer hat.

An dem *ganz großen* wissenschaftlichen Selbstversuch sind wir schließlich alle beteiligt: Die Benutzung der primär qualitativen Zeit als quantitative Größe und ihre Auswirkung auf uns . Bei den meisten Menschen reichen Herzinfarkt oder Schlaganfall oder Krebs längst nicht mehr aus, um sich wieder selbst zu spüren und um wieder anders zu denken. Dieses Problem ist keineswegs neu, wenn auch wohl jetzt deutlich akzentuiert. Christus sagte dazu vor ca. 2000 Jahren: „Metanoete!", „Verändert Eure Denkweise!"
Martin Luther übersetzte: „Tut Buße!"

Ich schließe dieses Kapitel mit einem hoffnungsvollen Ausblick auf die Zukunft ab: Die kosmische Bedeutung der Anziehungskraft im Großen, der Gravitationskraft und mein persönliches Erlebnis zur Gravitation im Kleinen, der zwischenmenschlichen Anziehung, verbunden mit der Liebesbotschaft des Apfels, brachten mich auf eine mich faszinierende Idee und Theorie.

Liebe ist die 5. Dimension.

Physikalisch ist es die Gravitationskraft, das Bindeglied zwischen Raum und Zeit, wie oben erwähnt. Aus meiner „Zeitsicht", aus ganzheitlicher oder integraler (supramentaler)Weltsicht, aus der Sicht einer Erlebnisweise, die primär im Geistigen zentriert ist, ist es die zwischenmenschliche Anziehungskraft, die Liebe, das vereinigende Prinzip, das weiblich - materielles und männlich - geistiges sich anziehen läßt. -

Wenn Mann und Frau sich wirklich lieben ist eine Schwangerschaft, eine Gravidität das natürlichste der Welt!

Der heutige Paradigmawechsel ist meiner Meinung nach gleichzeitig ein menschlicher Entwicklungssprung in eine höhere Dimension. Wir begeben uns quasi in eine höhere Sphäre, auf eine weiteraußenliegende Zwiebelschale unseres Seins, auf ein höheres Orbit in allen großen und kleinen Atommodellen unseres Kosmos. –

Wir betrachten seit längerer Zeit bereits die Welt

von oben, z.B. von Satelliten und Raumstationen. Die Sicht von oben auf etwas herab bedingt neue *Einsichten*, eine neue *Klarheit*, und eine größerer *Freiheit* gegenüber der körperlichen und psychischen Gefangenschaft auf dem niederen Niveau. (Das Bauen von Burgen auf Hügeln, das Besteigen hoher Berge und der Traum vom Fliegen sind Entwicklungsstufen in diese Richtung). Wir kennen die Aussagen von Astronauten, deren Leben sich grundlegend nach dem Erleben einer neuen Sicht aus dem All verändert hat.

Wollen wir uns von der Sklaverei durch die Zeit befreien, wollen wir zu höheren Einsichten und zu größerer Klarheit gelangen, müssen wir uns überwinden und den großen Sprung wagen.

Erst die Draufsicht auf Raum und Zeit läßt uns die Zeit wirklich begreifen, ihr Geheimnis erfassen, das Thema dieses Buches. -

Wir müssen uns also nach dem Erleiden der Zeit, der 4. Dimension, mit der nächsthöheren, der 5. Dimension befassen. – Wenn Schwerkraft die 5. Dimension und Liebe das dazugehörige geistige Prinzip ist, müssen wir unsere heutige noch überwiegend mental-zentrifugal-destruktive Verhaltensweise ändern und zu einer supramentalen, mehr zentripetalen, erhaltenden und liebenden Lebensweise finden.

Durch die Auseinandersetzung mit der Dimension Zeit und mit ihren zunehmend negativen Auswirkungen werden wir quasi um zu Überleben zu einem bewußten Umgang mit der 5. Dimension gezwungen. Das kommende Zeitalter ist deshalb nicht das Zeitalter des (wissenschaftlichen) Wissens, des Internets und der Virtualität, sondern das Zeitalter der Erkenntnis, der Spiritualität und der Liebe.

Mit anderen Worten: wir haben uns viel mit Einheit und Einssein im ursprünglichen Sinne in dieser Schrift befaßt. Beides gedacht und empfunden als eine ganzheitliche Zentrierung in Ursprung und Sein. Durch die Erbsünde und unserer polaren Grundstruktur sind wir gezwungen, uns vom Paradies und damit unserer Einheit zu entfernen. Im „Kleinen" Persönlichen ist es unsere Geburt und der Start in ein neues Leben, mit dem wir in die Zeit fallen.

Das technisch-wissenschaftliche Zeitalter im Rahmen des Newton'schen Weltbildes hat die uralte Kluft, unsere Erbsünde und unsere Selbstentfremdung, noch vergrößert und versucht uns vorzugaukeln, daß wir ein neues „inneres Zentrum" in einem rationalen-mentalen-wissenschaftlichen Verstehen finden könnten. Den heutigen Übergang in das neue Paradigma sehe ich als reinigende Krise. Diese Krise könnte der Beginn unserer Rückkehr ins Paradies sein. *Die Eintrittskarte ist Bewußtheit.* Das Lockmittel ist die Hoffnung auf neue Gefühlstiefe und die Fülle einer zweiten Naivität, einer neuen Natürlichkeit.- Bleibt noch das Problem mit dem Engel, der das Paradies bewachen soll und seinem flammenden Schwert.

Mir träumt, es sind zwei Engel, die Polarität ist am Eingang des Paradieses noch nicht aufgehoben, wie manche zu befürchten scheinen. Am rechten Türpfosten steht der Engel mit dem flammenden Schwert und am linken eine Engelin mit einer flammenden Scheide.

Schlußkapitel 12

Das Geheimnis der Frontalebene - das Geheimnis der Spiritualität

> Zeit ist die Ausdrucksform unserer mentalen Bewußtseinsstufe für die Qualität des Geistigen. – Indem wir unsere mentale Entwicklungsstufe überwinden und in die übergeordnete supramentale Lebensweise hineinwachsen, lernen wir, uns von der Zeit zu befreien.

Das Geheimnis der Zeit, die Konkretisierung von Zeit und damit verbunden die Konkretisierung von Geistigem war das Thema dieser Schrift.

Zum Schluß stelle ich die Frage:

Gibt es einen Körperbereich, an dem die Wahrnehmung von Zeit und Geist in besonderer Weise konkret wird?

Ja, diesen Bereich gibt es. Es ist die dritte Raumebene, die Frontalebene.[29]

Unser Leben ist bisher im Wesentlichen über die Achsen des Horizontalen und des Vertikalen geordnet. Die Horizontale entspricht mehr dem Weiblichen, der Welt der Beziehungen, dem Sozialen und Dualen, das Vertikale dem Männli-

---

[29] Siehe hierzu auch Kap. 6, über die Pünktlichkeit.

chen, dem Strukturellen, dem Polaren, der Verbindung zwischen Himmel und Erde.

Der christlich-abendländische Kulturkreis hat bekanntlich seit geraumer Zeit eine gewisse Führungsrolle im Konzert der Kulturen. Sein Symbol ist das Kreuz (Christus Kreuz). Auf dem Papier wird es in einer Ebene dargestellt und stilisiert: als massives, anfaßbares Kreuz liegt seine Hauptausdehnung auch nur in einer Ebene. Das Kreuz symbolisiert Horizontale und Vertikale.

Benutzen wir im allgemeinen Sprachgebrauch die Begriffe Horizontale und Vertikale, denken wir an ein Koordinatensystem oder an Ebenen. Eine dritte Ebene, eine Tiefe, ist beim Kreuz praktisch nicht relevant. Wollen wir jedoch Raum darstellen bzw. Raum erfassen, benötigen wir drei Achsen bzw. drei Ebenen. Die dritte Achse „verbrauchen" wir als Zeitachse, die von hinten nach vorn durch uns hindurch geht. Die dritte Ebene gar, die Frontalebene, ein Brett vor unserer Stirn oder unserem Bauch, ist uns fremd. Diese dritte Ebene nimmt bisher nur wenig teil an unserer praktizierten mental-wissenschaftlich-technischen Weltanschauung.

Wir kennen diese Ebene als das Brett, das wir vor dem Kopf haben oder als eine Mauer, z.B. die Schallmauer, die wir durchbrechen müssen - oder, schon etwas mystischer, als den Spiegel, durch den wir hindurchtreten müssen.

Dem Leser wird nach dieser Hinleitung wahrscheinlich schnell klar, daß hinter dem „Verbrauch" der Tiefenachse für die Zeit und dem allgemeinen Nichtgebrauch der Ebene für die Wahrnehmung der Tiefe sich ein Geheimnis verbergen muß.

Es ist das Geheimnis der Spiritualität.

Wir wissen um die Bedeutung das Herzens für die Liebe. Wer die Öffnung seines Herzens je erfahren hat, weiß aus eigenem Erleben, daß Liebe nicht blind macht sondern klarsichtig und den Blick erweitert. Verbindet sich ein sich öffnendes Herz über die Frontalebene mit unserer Stirn, kommt es zur Öffnung des sogenannten dritten Auges und der Fähigkeit zu spirituellen optischen Wahrnehmungen, z.B. dem Erkennen von Aura, der Wahrnehmung von „Gesichten" oder der Wahrnehmung archetypischer Bilder.

Verbindet sich unser Herz über die Frontalebene mit unserem Sexualbereich, entsteht spirituell-energetische Sexualität, die Erfahrung eines hochqualitativen Festmenues im Vergleich zu Fast Food und Quicky. - Schaffen wir es gar, Kopf, Herz und Bauch über die Frontalebene zu vereinen, entsteht das, was ich erotische Liebesfähigkeit nenne.

Mag sein, daß dies die eigentliche Verheißung

menschlichen Seins ist und daß es nichts Vollkommeneres gibt.

Die Integration der Frontalebene, die Ebene für die Erfassung der Tiefe[30], ist unser höchstes Ziel. Durch sie können wir wieder unser uns heute so sehr quälendes Zeiterleben in beglückende Geistwahrnehmung umschalten. Mit ihr geben wir allerdings auch unsere uns schützende persönliche Maskierung und Fassade preis. – Durch diese Integration können wir die wahrscheinlich höchste Qualität unseres menschlichen Daseins erlangen.

---

[30] Ich denke dabei **gleichzeitig** an die Tiefe des Raumes, die Tiefe der Gefühle und die Tiefe unserer Erde bis hin zum Erdmittelpunkt.

Wenn nicht mehr Zahlen und Figuren
sind Schlüssel aller Kreaturen.
Wenn die, so singen oder küssen,
mehr als die Tiefgelehrten wissen,
wenn sich die Welt ins freie Leben,
und in die Welt wird zurückgegeben,
wenn dann sich wieder Licht und Schatten
zu ächter Klarheit werden gatten,
und man in Märchen und Gedichten
erkennt die ew'gen Weltgeschichten,
dann fliegt vor einem geheimen Wort
das Ganze verkehrte Wesen fort

Novalis

Von Cheiron Knuth Sperber ist bereits erschienen

Der große Sprung
Ist die Menschheit im Arsch?
Müssen wir immer mehr produzieren?

Geldverdienen, Produzieren und Erfolg haben sind die höchsten Werte unserer Gesellschaft. Umweltzerstörung und Selbstentfremdung des Menschen lassen sich hierauf zurückführen.

Die Menschheit befindet sich zur Zeit in einer sprunghaften Veränderung, die alle Lebensbereiche umfaßt.

Dieses Buch zeigt in außergewöhnlicher Weise, mit welchen revolutionären Veränderungen wir bereits in naher Zukunft rechnen müssen.

Books on Demand GmbH
ISBN 3-8311-0519-7